人性的光辉

赵璧 编著

中国青年出版社

图书在版编目（CIP）数据

人性的光辉 / 赵璧编著 .—北京：中国青年出版社，2024.1
ISBN 978-7-5153-7079-8

Ⅰ.①人… Ⅱ.①赵… Ⅲ.①演讲—语言艺术 Ⅳ.① H019

中国国家版本馆 CIP 数据核字（2023）第 213256 号

责任编辑：彭岩
出版发行：中国青年出版社
社　　址：北京市东城区东四十二条21号
网　　址：www.cyp.com.cn
编辑中心：010-57350407
营销中心：010-57350370
经　　销：新华书店
印　　刷：北京汇瑞嘉合文化发展有限公司
规　　格：880mm×1230mm　1/32
印　　张：7.625
字　　数：150千字
版　　次：2024年1月北京第1版
印　　次：2024年1月第1次印刷
定　　价：68.00元

如有印装质量问题，请凭购书发票与质检部联系调换
联系电话：010-57350337

编委会

(按姓氏拼音排序)

陈 粤　邓 雄　方泽军　黄伟君
梁宋国　林 缨　吴晓健　徐 豪
杨 哲　赵永花　张 龙

推荐语

《人性的光辉》是一本精彩绝伦的书籍，它讲述了人性中最真挚、最温暖、最美好的一面。在这个世界上，我们总是看到各种各样的矛盾和争斗，但其实，在每个人内心深处都有着对人性光辉的渴望。如何让这份善意得以传递？演讲和沟通便成为关键。《人性的光辉》强调了演讲与沟通在生活中所占据的重要地位，并向我们提供了精妙绝伦、感动人心的案例。只有通过言语交流，才能够将自己内心真正想要的表达出来，才能够打破误解和隔阂。演讲可以激发听众内心深处的情感共鸣；沟通能够建立起彼此间相互的信任和尊重。

——共和国演讲家　彭清一

我们每个人都希望生活在充满爱的温暖的环境中，无论在家庭、工作等各种场景。要形成充满爱的温暖的环境，则需要大家多做发自内心的真爱的表达，真爱来自我们本自具足的心灵宝藏，来自我们光辉的人性中，只要我们放下比较、得失、利害的执着，每时每刻更多地发现爱、体验爱、散播爱，爱就会源源不断地从我们心中涌出，并相互激荡，充满在我们周围。同时，爱的表达也要讲究方式，要易于被人接受，不要强加于人，或者引起误解。《人性的光辉》一书在爱的源泉和爱的表达方式两个方面都能给读者启发与帮助。

——明德传承创始人　薛伟斌

当年，卡耐基的《人性的弱点》洞穿了多少企业人的内心。如今，新励成他们推出的文集《人性的光辉》，期待能让在职场深耕的职业经理人产生共鸣并形成共振。

——中国精细化管理研究所所长、
《细节决定成败》作者　汪中求

《人性的光辉》这本书主要讲的是沟通能力和演讲能力。这是现代职场人士最重要的软技能。道理很简单：现代社会是一个陌生人社会。我们做成的任何事情，本质上都是说服他人、协同他人、成就他人的结果。从这个角度上说，如果你还不知道要培养什么专长，那就先培养沟通的专长，如果你还不知道提升什么能力，那就先提升演讲的能力。《人性的光辉》这本书，我推荐给你。

——罗振宇

过去20多年销售、管理、企业陪跑的经历，让我深知演讲与口才的重要性。那些会表达、懂分享的人，逐渐走向舞台中央，正在享受这个时代最大的红利。正如英国首相丘吉尔所说："一个人可以面对多少人，就代表这个人的人生成有多大！"妙语连珠、口吐莲花、能言善辩、舌战群儒……很多时候，会说话本身就是一种生产力。

企业管理中同样如此。今天的很多管理问题，绝大部分是因为沟通不畅导致的。"沟通黑洞"造成的无形损失数以亿计，并随着信息量的激增，面对面的沟通质量与日俱下。管理者貌似每天花大量时间在沟通上，却从来没有进行过有效训练，做了很多无用功却不自知。

这本《人性的光辉》，基于作者多年实践，从"道""法""术""器"四个层面，总结出了正式演讲、日常沟通与表达中的通用方法。只要你内心向善、具备分享精神，再辅以书中的技巧与方法，身能行之，口能言之，就能打动听众，实现表达的目的。

希望本书，能帮你扫清演讲与表达之路上的重重障碍，让你的话，给听者以温暖、力量、勇气以及幸福的欢笑。

——创业酵母创始人/原阿里中供铁军主帅　俞朝翎

中国人说一个人会说话，其实不仅仅是指他会演讲，而是情商高，表达得体，在不同的场景下应对自如，这不是懂说话，而是懂人性。所以新励成演讲的新书叫《人性的光辉》是很对的，不是会演讲，而是讲对了话。这本书收录很多讲对了话，从而找到自信的朋友的分享，一定能启发今天很多感觉自己社恐的朋友。

——秋叶品牌，秋叶PPT创始人　秋叶

作为一家18年专注口才的公司,新励成的不一般,从书名就能看出来。普通人只能意识到口才是信息爆炸的时代不可忽略的能力,新励成却能看到一个人的言辞哪个传递出他的思想、情感和价值观,甚至能改变世界。口才之心法,人性的光辉。

——DISC+社群联合创始人 李海峰

序一

人性的弱点和优点不是与生俱来的，它是随着人生成长的轨迹逐渐形成的。

社会生活对每一个人的成长有着至关重要的作用。处在不良的生活环境中，人们看到、遇到的负面的东西就多。这些负面的东西无时无刻不侵蚀着人的心灵，会让你自身滋长很多弱点。这些弱点如果不加以克服，势必阻碍你前进的道路。

同样，若一个人在成长的过程中遇上不少正能量的东西，这些东西积蓄多了，就会转化成前进的动力，就会让你的人性放射出耀眼的光辉。

所以，人们的前进是在不断克服自身弱点——同时增长自身优点的过程中实现的。

新励成的教学目的，就是使每一位学员从认识人性的弱点中找到克服和摒弃的方法，让人性的优点发挥到极致，成为对时代、对国家、对社会有用的人才。

新励成已经成立18年，18年的创业过程让他们积累了丰富的教学经验。从这里走出去的几十万名学员已经成为全国各行各业的管理精英。特别是在口才培训这一科目上,改变了很多人的命运,得到了社会广泛的赞许。

在日常工作中,讲话看起来是常态,但根据地点、场合、谈话对象的不同,往往一句话会带来完全不同的效果。古话说:"一句话说得人跳,一句话说得人笑",就是这个道理。讲话,不光含有内容,含有知识,含有倾听者所需的东西,而且讲话的技巧与风格也同样重要。每一句话都要进入听者的心中,激发他们内心世界的前进动力,让他们有所收获。新励成正是从这个角度出发,反复研究,精心打造这一课题的。十几年来的实践,已经得到了大家一致的认可。

新励成18年来着重软实力教育。软实力是一个国家的文化观念、价值观念等影响自身发展潜力和感召力的因素。新励成在团队系统、绩效系统、执行系统、营销系统、增长系统和领袖系统等软实力培训上是成功的。数以万计的学员通过新励成的学习和培训后,走上了全国各地的企业岗位,做出了杰出的业绩,成为祖国经济建设的优秀人才,为时代贡献了自己的力量。

新励成在教学过程中始终坚持文化自信的理念。中国数千年来的传统文化凝结着中华民族的智慧。传承弘扬中华优秀传统文化,是推进社会主义文化强国建设、提高国家文化软实力的重要内容。中华民族的复兴靠的是我们大家,靠的是我们国家有理想有追求的年青一代，新励成特别注重对学生进行传统文化的教育。

新励成的年轻人有梦想，有担当，刻苦、好学，人人身上焕发出蓬勃向上的朝气。他们热爱祖国，祖国需要他们！"路漫漫其修远兮"，新励成正青春，面前的路还很长。希望新励成的年轻人再接再厉，乘胜前进，在我们这个大好的时代，为祖国为人民做出更大的贡献！

国家一级作家　吴清汀

2023 年 9 月 5 日

序二

人性的光辉，是指人类文明社会中表现出的美好、高尚、大爱、无私的品质和行为。人性的光辉通常包括同情心、理解、关爱、尊重、赞美、慷慨、敬畏、宽容、勇气、正义、诚实、负责任和善良等。这些品质都会在人们的行为中得到体现，例如关心弱者、关心环境、关心社会，帮助他人、鼓励他人、成就他人、尊重他人，不服输、不歧视、不偏袒、不言辞攻击等。人性的光辉是我们人类文明社会中每一个人在工作、学习和生活中应该具备的美好表现。

人性光辉的第一个方面是道德。道德是人类行为的规范，是我们中华民族的优秀传统和美德，是我们在社会中相互信任和尊重的基础。我们每个人都必须严格地去遵守道德规范和行为准则，去践行社会主义的核心价值观，为他人尽自己的一份力量。

人性光辉的第二个方面是情感。情感是人类相互联系的重要因素，我们应该关心他人的感受、记住他人的好处、理解他人难处、发挥他人的长处，并且给予他人支持和关爱。我们中华民族是最具情感和友善的民族，如果人人都能真情以待，相互关心和帮助，我们的世界将会变得更加温暖和美好。

人性光辉的第三个方面是同情心。同情心是人类对他人的感受和需要的理解和尊重。我们应该对他人积极向上的需求和困难感同身受，尽力去帮助他们。只有这样，我们才能建立更加紧密的社会联系，创造更加和谐的社会。人性的光辉是人类行为的产物，是我们共同拥有的美好品质，它可以在历史、社会、文化和现实中得到充分的体现。为了成就个人、幸福家庭、和谐社会、强我中华，让我们中华民族和伟大祖国变得更加美好，我们必须努力培养和展现人性光辉的品质。

在培养和塑造人性光辉的品质，提升国民的综合能力和软实力的进程中，有这么一个团队，他们十多年来，在一如既往地坚持做一件事情，那就是为个人和企业提供演讲、沟通、心理素质和人际关系的训练，为振兴中华民族，提升国民素质，讲好中国故事，传播好中国声音而励志前行。这个团队有一个响亮的名字——新励成！

一个企业的健康成长和发展壮大，与人性的光辉是密不可分的。纵观新励成，18年前从一个小小的只有单一口才课程的培训机构发展到今天，我们可以感受到人性的光辉闪闪发光和熠熠生辉。这主要体现在新励成创始人美好的品质和崇高的精神，以及新励成人灵魂深处的那份真、善、美。从新励成"成就个人，幸福家庭，和谐社会"的愿景和使命中，我们不难发现人性的光辉所在。

说到新励成的成功和人性的光辉，我们不能不说说新励成的终身荣誉顾问李燕杰教授。从20世纪70年代起，就有一双智慧、宽容、慈祥、充满活力与爱心的眼睛注视着华夏大地；在改革开放的前夕，就有一种响亮、悦耳、动听、拥有思想和情感的声音震撼着亿万心灵；这双眼睛、这声音来自同一个人——李燕杰教授。

伴随着改革开放的春风，"李燕杰演讲"的旋风在大江南北、长城内外，乃至大洋彼岸，经久不息地刮了起来，为我国的改革开放吹响了前进的号角！40年的演讲生涯，李燕杰老师走过了800多个城市，在海内外演讲了6000多场，演讲专题380多个，出版专著100多部。他被称为当代演讲泰斗、共和国演讲家、教育艺术家、铸魂大师、文化圣人，我国当代最具人性的光辉形象代表人物。

在李燕杰老师的人生中，处处体现出了人性的光辉。李燕杰老师情注讲坛、风范一品、心系学苑、育人无数，他创立了我国改革开放后最早的民办大学——北京自修大学，为国家培养了30多万大专学历以上的人才。

李燕杰老师德艺双馨、有教无类、诲人不倦，他的学生和弟子成千上万，分布在世界各地各行各业，工农兵学商政都有他老人家的得意门生。李燕杰老师功绩名扬寰宇，爱心润泽天下，率先成立了中华教育艺术研究会和其他许多专业协会，发现和培养了一大批口能言之、身能行之的时代有用之才。

李燕杰老师褒扬后生晚辈，奖掖优秀人才，他老人家每年都要表彰一批先进工作者，授予为社会做出贡献的人物各种荣誉称号，让他们拥有自信，得到他人的理解和尊重。李燕杰老师弘扬人间正气，启迪智慧心灵，在他老人家的亲自策划和指导下，先后在全国各地举办了20多届全国演讲大赛，并多次亲临比赛现场，为中国演讲事业的蓬勃发展起到了极大的推动作用。李燕杰老师为亿万民众启迪人生之真谛，在全社会树立大美之典范，在身患绝症、80多数高龄的情况依然到全国各地巡回演讲，宣传主旋律，传递正能量。李燕杰老师大爱无疆、功德无量、慷慨大方，他老人家一生书写了3万多件书法条幅，全部无偿地赠送给了他人，任何一个人，不管是认识的还是不认识的，不管是成功人士还是普通人士，只要向他提出要书法条幅的请求，他都是有求必应，没有现成的，回家写好后，再自己掏钱邮寄给要条幅的人。李燕杰老师关爱青年、魂系未来，"青年是我师，我是青年友"是他老人家生前的座右铭，也是他的墓志铭，这是李燕杰老师一生无私奉献的精神所在，是他的博大情怀的永恒丰碑，是他老人家人性的光辉的真实写照！

人性的光辉的三个方面：道德、情感和同情心，李燕杰教授都为我们树立了光辉的榜样。在他老人家所有的言谈举止中，我们都会感受到一个永恒的主题，那就是大写的"爱"！从《塑造美的心灵》到《总有一种方式让你脱颖而出》，从《天地人》到《精气神》，从《真善美》到《大道有言》，等等，李燕杰老师人性的光辉中都突出了大写的"爱"。

李燕杰老师爱党、爱国、爱人民，爱科学、爱和平，爱家人、爱学生，爱一切美好的事物。正是因为拥有了这份博大的爱，李燕杰老师才会担负起"国家巡回演讲大使"的重任，才会成为众多青年的"良师益友"，才会成为"爱与美"的传播者，才会成为中国演讲教育艺术界的"常青树"，才会被亿万人民称为闪耀着"人性的光辉"的人，才会被联合国和平基金会称为"世界上最可爱的人"。

读万卷书不如行万里路，行万里路不如名师指路。新励成的终身名誉顾问、我国第一位德育教师李燕杰老师，已经为我国的演讲教育艺术事业指明了道路。李燕杰老师虽然离开我们已经6年了，但他老人家的演讲艺术、演讲思想、演讲大爱、演讲风范、演讲精神和他人性的光辉，已经深深地影响了我们每一个演讲人。

李燕杰老师用他毕生的精力和智慧告诉我们：演讲不是自利而是激励，演讲不是炫耀而是照耀，演讲不是兑现而是奉献。因此，我们要让大爱的思想插上演讲的翅膀，飞向千万人的心中，影响帮助更多的人。我一定要像李燕杰老师一样，用演讲融和天、地、人，用演讲聚集精、气、神，用演讲传播真、善、美！我一定要像李燕杰老师一样，用激情燃烧激情，用灵魂唤醒灵魂，用生命影响生命，用演讲实现梦想，用口才成就未来，做一个名副其实的拥有人性的光辉的人！

要想成为一个有人性的光辉的人，就一定要像李燕杰老师一样，做一个有光的人，自带阳光的人，阳光灿烂的人。李燕杰老师生前经常告诫我们：演讲人一定要像天上的星斗一样，彼此照亮，而不能像河床的卵石互相碰撞。我们聚在一起就是一团火，我们散开了就是漫天的星斗。我们一定要燃烧自己，照亮别人，影响帮助更多的人！

李燕杰老师生前对新励成特别地厚爱与重视，我也多次陪同李燕杰老师南下广州、昆明、佛山等地参加新励成的各种大型活动，李燕杰老师人性的光辉和人格的魅力为新励成注入了强大的动力，提供了巨大的精神支柱。正如赵璧先生在本书《演讲的第一智慧是道德》一文中所说的那样："李燕杰老师可以说是我一生中最崇拜的人之一，最敬畏的人之一，他在我心中像圣人一样，他给我讲了很多话，很多思想深深地影响着我，影响着我们所追求的这份事业。无论是新励成的更名、新励成的发展，还是新励成的文化，里面都有李燕杰老师的深深印记。"

榜样的力量是巨大的，道德的魅力是无穷的。李燕杰老师人性的光辉对新励成的企业文化、发展方向、教育理念、教学内容、教学方法以及新励成人的价值取向和行为准则都起到了至关重要的作用。正因为有了榜样的力量，有了道德的智慧，有了人性的光辉，新励成才有了今天的辉煌与成就。

讲述好中国故事，传播好中国声音，弘扬好中国文化，凝聚好中国精神，设计好中国方案，发挥好中国智慧，展示好中国形象，提升好中国人的软实力，已经成为每一个新励成人义不容辞的责任！18年来，新励成人一路向上，一路向善，一路高歌，让人性的光辉照进千家万户，照亮千万人的心灵。

十年磨一剑，泰山不敢挡！通过18年的执着奋斗，今天的新励成已经成为中国口才培训行业的领导者，全国演讲事业的促进者，演讲口才艺术的推广者，民族优秀文化的传承者，公益活动的奉献者，时代正能量的赞美者，讲好中国故事的传播者，人性光辉的塑造者，全力提升全国人民软实力的奋斗者，中华民族伟大复兴扎实的践行者！

由我国演讲口才培训行业的领军企业——新励成教育科技股份有限公司董事长赵璧先生编著的《人性的光辉》一书已经完稿。邀请我写个序，盛情难却。于是，我仔细阅读了12位作者的18篇文章，让我眼睛一亮，感受良多，受益匪浅。这12位作者都是新励成资深的高级培训师，都是有着在全国各地授课培训数百场乃至上千场的有丰富实战经验的讲师。这18篇文章就是他们多年来从事演讲口才与人际交往和软实力培训实践经验的结晶。他们从演讲智慧、公众讲话、口才技巧、领导艺术、管理能力、职场沟通、生命品质、逻辑思维、知识储备和实战训练等多方面，分享了各自学好演讲实现梦想、练好口才成就未来、掌握沟通绽放人性光辉的心得体会。

我是一位有着42年学习演讲口才、推广普及演讲口才的爱好者、实践者、研究者和教学者，也出版发行了20多本有关演讲口才、人际交往和人生智慧的书籍，共计200多万字。阅读了赵璧先生编著的《人性的光辉》一书后，我倍感欣慰、深受感动，我为作者们的华彩篇章和大爱分享而感到高兴和自豪。我认为《人性的光辉》是一册学习演讲口才与人际沟通的好教材，是一本提升演讲口才与生命品质的实操手册，是一部帮助他人、成就别人、影响更多人的开卷有益的实用书，更是一份献给我国演讲口才与素质教育和软实力培训事业的厚礼。

借此机会，我由衷祝愿《人性的光辉》一书付梓后，能得到广大读者的青睐和好评。期待它如同一场盛宴，让读者尽情享受。期待它如同一束光，照亮每一个读者的心灵；期待它如同一艘扬帆起航的大船，带领读者驶向成功的彼岸；期待它如同一股清泉，滋润着读者的心田，为大家带来更多的智慧和启迪，成为我国演讲教育艺术与培训行业一道亮丽的风景。

著名演讲家

原清华大学《演讲与口才实用技巧》主讲教授　颜永平

2023年10月1日于北京

序三

我是在大学毕业进入职场成为职场小白，妥妥地碰了一鼻子灰后读到了戴尔·卡耐基先生的《人性的弱点》，这本书对当时的我来说就像久旱逢甘露，让我欣喜给我慰藉，又如黑暗迷惘中看见一盏灯塔给我希望。我如饥似渴地阅读书里面的每一句话，都像在跟卡耐基先生对话，他既是良师又是益友，为我打开了一片智慧的天空，使我的心灵受到了震撼，开启了我为人处世的第一课！

感谢被誉为"中国卡耐基之父"的北京市海淀区卡耐基成功素质培训学校的创始人黄久凌校长，他用自己的亲身经历和智慧，结合中国式的人际交往，研发出了中国版的《人性的弱点》，并将其编排成通俗易懂实用落地的一套培训课程，面授给广大社会群众。我也有幸参加了培训班，目睹了一批又一批在人际交往中遇到沟通和表达障碍的群体，通过掌握了具体的方法技巧，成功地处理了生活中、工作中的各种关系。不得不说，这样的培训课程在当年虽然非常小众和稀少，但是非常具有魅力，它开启了人们内心的一扇窗，唤起了无数陷入迷惘者的斗志，激励着人们走向成功。

共和国演讲家李燕杰在他的大教育论里面是这样定义社会教育培训体系："我国每年走向社会的青年有上千万人，除了已有的大中小幼和政工系统，更多的教育应是来自社会教育系统，分两方面：一是青年业余科技文化教育设施，像各种培训班等；二是研究和从事青年思想教育的社会机构，如中华教育艺术研究会、心理咨询中心等。新励成教育2005年应运而生，则是属于第一种类型。"

我是课程的受益者，也是传播者，从事新励成教育18年来，中国发生了翻天覆地的变化，大到社会、人文、科技、智能，小到情绪价值、个人IP、自媒体，瞬息万变，与时俱进，但我可以很笃定地说，外部世界发生再大的变化，但人们渴望的关系的互动、言语的交流、表达的诉求、沟通的桥接、情感的共鸣，这些人性的刚需是一直存在，永恒不变的。新励成最初的《人际关系》训练课程也在不断地升级，现在更名为《高情商沟通》，一方面万变不离其宗，保留了围绕人性需求的特点，另一方面更多地贴合当今时代人与人相处，重视沟通和表达能力发挥的重要作用，它不仅是口才这么简单，而是赋予了更多的维度：情感、价值、能力、社交。

戴尔·卡耐基先生在写《人性的弱点》这本书的时候，也许没办法预测80多年后的今天，会有这么先进的科技通信工具辅助交流，更有ChatGPT人工智能聊天机器人。然而，光芒万丈的科技进步、信息爆炸的后面，也隐藏着不为人知的数据：2023年全球有超过3.5亿人罹患抑郁症，新增9000万焦虑症患者，目前我国患抑郁症人数达9500万人……2022年中国结婚登记对数下降到683万对，连续九年下降，而我国离婚率约为43%，离婚人数跟结婚人数比例高达0.53∶1……2023年中国新生儿出生人口跌至788万人，创历史新低，2022年开始中国人口开始负增长。这些都是"人"在发生变化，"关系"在发生变化，人与他人的相处、人与自我的相处都变得更加复杂，人的外在呈现和内在世界都在悄悄变化，唯一不变的也许还是"人性、情感、价值、社交"，这是任何人工智能都替代不了的。所以有人问我们，新励成的课程未来能被机器授课取代吗？我没有答案，但是就像新励成赵璧董事长说的，我们笃定要活100年，帮助75亿中国人提升软实力，不论是何种形式，也许未来的企业属性都即将大融合，只为人类服务，"新励成"就是个符号，没有任何意义，但它依然在时代历史的车轮里转动着自己的螺丝钉，贡献着自己的光和热，坚信人性永不褪色的一抹光辉！

感谢主编的集萃，致敬百年经典的力作！

新励成教育创始人　吴云川

2023年9月27日于上海

序四

新励成今年18岁了，白驹过隙，想到2005年夏末云川在我家书房说起要创办口才培训学校时眉飞色舞的样子，仿佛就是前不久的事。那时我还在省级报社做编辑，虽然在改稿和编版上游刃有余，但每次开会和年终发言都是我特别紧张的时刻，所以我一直认为，新励成的课程，我也是其中最大的受益者。

我的学生时期是20世纪90年代，那时学校更多提倡学习成绩，表现乖成绩好的孩子自然深受老师喜欢，所以儿时的我虽然害怕当众讲话，羞于上台表达，但也非常顺利地成为班干部，获得各种奖项，公众表达这个问题一直被忽略。记得大三在羊城晚报《财富周刊》实习，每到周末报社就会举办一场沙龙活动，实习老师人特别好，问我要不要上台主持？现场嘉宾有经济学家和名企领导，我很担心自己怯场紧张会搞砸活动，只能跟老师说抱歉。毕业后我考进羊城晚报从事编辑工作，由于长期和文字打交道，根源上的问题还是没有解决。

18年来，每次和新励成学员一起参加活动我都非常感动，他们利用休息时间来学习，每次的分享主题都离不开感恩，他们感谢新励成课程带来的收获，不仅是口才和演讲水平的提升，更是个人从内到外的变化。其实，我从离开报社到一起创办新励成的初期，很多时候还是抗拒上台发言，对小伙伴们的邀请是能推就推，但在这么多学员的身上，我看到了相信和改变的力量，我也开始走进课堂，对自己曾经的舒适区说"no"，而且非常珍惜每个上台的机会。

有不少学员是通过2020年我们和著名主持人白岩松老师合作的《对白》节目认识新励成的，当时和节目组对接非常顺利，因为节目组的初衷是邀请文化名人走进普通高校，为大学生分享自己的成长故事、生活经历以及人生智慧，这和新励成的愿景"成就个人、幸福家庭、和谐社会"非常契合，文化名人的公众表达与分享，不仅能为大学生提供思想指引，还让他们学会用更广阔的视角看世界、看自己。今年我们又和中国青年报合作了《青年说》公益演讲活动，向全国各地18～40岁的青年发出演讲邀请，期待与青年一道从不同视角探索人生。我们希望新励成不仅是课程的传播者，也能提供表达的舞台，让更多的人爱上表达、敢于表达、享受表达。

越来越多的人说，随着人工智能的出现，这是一个最好的时代，也是一个最坏的时代，科技进步带给人类深远影响的同时，也带来巨大的冲击，但无论如何，人与人之间仍需要沟通，知识和资讯掌握者也更需要口语传播和表达，所以让我们致敬经典，用表达带给这个世界更多的力量！

新励成教育联合创始人　刘　慧
2023年9月27日于广州

目 录

※ 赵 璧	演讲的第一智慧是道德	001
※ 杨 哲	你害怕当众讲话吗	009
※ 陈 粤	爱上表达	020
※ 张 龙	身能行之,口能言之	031
※ 方泽军	做个有趣的人	042
※ 方泽军	掌握不同场景的发言技巧	055
※ 梁宋国	让发言逻辑更清晰	080
※ 杨 哲	如何萃取自己的发言内容	088
※ 吴晓健	你的饺子是别人想要的吗	100
※ 陈 粤	茶壶里的饺子去哪儿了?	110
※ 徐 豪	做情绪的主人	116
※ 赵永花	关系的品质决定生命的品质	132

※ 黄伟君　方泽军	沟通，是职场最重要的软实力	147
※ 张　龙	管理者最重要的能力就是共识力	160
※ 赵　璧	企业家是首席演讲官	174
※ 邓　雄	人人都是演说家	183
※ 徐　豪	让领导力助你成就事业	194
※ 本　然	享受丰盛富足的人生	200

※ 赵 璧

演讲的第一智慧是道德

今年开春，我们按往常一样组织全国各地的员工开展"学习型春节"。学习型春节，是一次系统的培训，也是一次文化共识。这次学习型春节，我们特别安排了一项活动，就是带领小伙伴一起去参观位于番禺大夫山下的李燕杰传承馆。李燕杰传承馆是广东演讲学会为纪念李燕杰老师而建的，里面有很多珍贵的物件和书信。

广东演讲学会创会会长孙朝阳老师，亲自为我们做了详细的，真情流露的讲解，让我们很感动，尤其是传承馆里面很大的一幅字"演讲的第一智慧是道德"，引起了我们深深的思考。听完孙会长的讲解之后，所有的小伙伴坐在一起讨论交流，大家对这句话的印象极为深刻，也纷纷谈起了自己的感受。

来自北京的赵帅，跟大家分享了一个这样的故事：在2016或者2017年，我们在北京做了一场学员峰会，有幸邀请到李燕杰老师为学员朋友们做开场演讲，赵帅去李燕杰老师的家里接李老，在从家里赶往会场的路上，他看见李燕杰老师从包里拿出一份文稿，看了一下之后，跟赵帅说："小赵，我其实写了三份文稿，分别从不同的维度来跟广大的演讲爱好者分享。"赵帅说："李老师，你做了这么多场演讲，还要写演讲稿吗？你不是信手拈来吗？"李燕杰老师说："虽然我做了很多次演讲，但是我把每一场演讲都作为第一场演讲，也作为最后一场演讲，所以每一场演讲我都要认真地准备。这一次演讲尤其重要，面对的是上千位青年演讲爱好者，青年是我师，我是青年友。我要给大家传递我的思想，传递正能量，所以我从三个维度打了稿子，最后我选择用这一篇思想主旨的稿子作为今天的讲稿。"

当赵帅讲到这个故事的时候，我很感动，很多小伙伴的眼睛也都湿润了，一个伟大的演讲家，可以这么精心地准备一次演讲。

这个故事也把我拉到了多年前，跟李燕杰老师相识相知的很多场景。李燕杰老师可以说是我一生中最崇拜，也是最敬畏的人之一，他在我心中像圣人一样，给我讲了很多话，很多思想深深地影响着我，影响着我们所追求的这份事业。无论是新励成的更名，新励成的发展，还是新励成的文化，里面都有李燕杰老师的深深印记。

李燕杰老师曾经跟我说:"他受的最深刻的教育来自他的母亲,母亲对他的成长起到了决定性的作用。"他说他每一次演讲都小心翼翼,是因为他母亲曾经跟他说过一句话。后来他才知道,这句话是臧克家先生的一句诗:一万支暗箭埋伏在你的身边,伺候你一千回小心里的一回不检点。

怎么理解这句话呢?就是我们做人做事要小心谨慎,尤其是演讲者和演讲家,一定要以品德为先,一定要传播正能量,一定要做到每一次讲话都不能有任何的闪失,哪怕你一千次的小心,有一次的不注意、不检点,都可能酿成大错。

所以,老人家的这句话对李燕杰老师演讲的习惯产生了巨大的影响。每一次演讲前,李燕杰老师都要认真地去思考和准备。

李燕杰老师也曾经反复地告诫我们,做演讲要走正路,不要走邪路,要走活路,不要走死路。演讲一定是一条正能量之路,千万不要把演讲当作实现你个人利益和小我目标的工具,演讲也必须越走越活。

演讲人需要创新,不能把它按部就班地走成死路。演讲人要读万卷书、走万里路、吃万般苦、受万苦罪。只有经历了磨难的演讲人,才能做一个真正的演讲人。

李燕杰老师也告诫我们,一个演讲人要以德识才学为本,每一场演讲,都要创造至深至美至善的时刻,所以在李燕杰老师的人生经历和思想的基础上,"演讲的第一智慧是道德"这句话就越发经典。智慧本身就是道德,就是正能量。只有正能量,只有高品格,才是一条通往至善的路。

演讲至善,传播正能量,是初心也是方向。新励成至正,帮助更多人通过演讲走向善、向上之路,获得更高维的智慧,拥有更丰盈的人生。

这些年,学习演讲口才的朋友越来越多,大家来自天南海北、不同的行业、不同的年龄,所以核心需求也不一样,有的人是为了克服紧张,上台讲话的时候不哆嗦;有的人希望自己的语言更加有力量,演讲时动作和表情都到位,有感染力;有的人是希望自己讲得更有条理,更有逻辑性,能够让别人欣赏自己的讲话,让自己的讲话能够影响更多人。

还有人希望多增加一些自己的知识储备,能够让讲话更有内容。抑或希望能够把自己这些年所总结的知识经验、知识体系、行业经验萃取出来,分享给更多的朋友。

大家需求的多元化,在我看来都是对美好生活的向往,都是对美的追求,都是大爱的表现。所以演讲这件事,本身就是一条大爱的路,就是一条至善的路。大爱之路上最核心的智慧,就是道德,就是一颗善心。只有善心、大爱,才是一个好的演讲,才能够让演讲有它的意义。

正能量和大爱是每一次演讲和每一个演讲者的基石，也是起点。只有基于此的演讲，才会是一场有意义、有价值的演讲，所以，我们也认为，这是演讲的第一性原理。

"演讲的第一智慧是道德"这句话不仅是演讲的第一性原理，我们也认为它是演讲培训行业的第一性原理。演讲培训行业是教育行业。教育的发心一定是爱，一定是爱的传播，一定是教人向善。教育不是灌输，是唤醒，是生命唤醒生命，而演讲就是唤醒生命最好的方式。教人演讲，就是让更多的人一起去唤醒更多的生命。

"用生命唤醒生命"这句话中的"生命"有三层意义：第一条叫性命，当你呱呱坠地的时候，一条性命产生了；第二条叫生命，当你跟这个社会、你的家庭、人与人之间产生链接，生命就形成了；第三叫使命，当你找到自己的人生价值，明白自己这一生是为什么而努力的时候，你的使命就诞生了。用生命唤醒生命，更多的是在讲使命。

有人曾说："激励人心的价值远远被低估了。"激励人心，在我眼里，演讲、表达、沟通是最有力量的激励，激励人心，尤其是激励人内心最深处的使命帮助。生命找到使命，这是多么有意义的一件事情，这个或许是演讲最大的价值，那使命一定是至上、至善、至正的，否则也没有资格称为使命。

道生一，一生二，二生三，三生万物。在演讲口才培训行业里，这个道是什么？是自然规律，是什么自然规律？这个道应该就是演讲口才培训行业的第一性原理；这个道就是每一个演讲，都应该是向善向正向上；这个道应该就是演讲的智慧，演讲的第一智慧是道德。

作为一家企业，它的第一性原理是它的使命吗？是的，就应该是它的使命。第一性原理是行业生存的基础假设，假设的格局有多大，企业就能有多辉煌，企业有多辉煌，决定了它的使命愿景可否实现。

第一性原理和企业使命、使命、愿景从某种意义上来讲是相通的，是相关联的，源于使命，终于使命，源于第一性原理，起于第一性原理，立于第一性原理，也将终止于第一性原理。将破之第一性原理，也将重建新的第一性原理。所以，第一性原理跟企业使命一样，它是有周期的，是阶段性的；它是会升级的，是会被打破的，破的是自己的格局，破的是自己的价值观，不破不立。

我在IBM工作了五年，对IT和计算机的发展是有一些了解的。地球上的第一台计算机的出现是为研发机构，为国家的需求而设计开发的。所以最早的计算机很贵，也没有人买得起，只有少数靠国家支撑的研发机构才能使用，所以当时他们就定位在这样一个层次，这样的市场需求是有限的，所以后来者不得不去颠破这个局限。就像IBM这样的企业，他们认为计算机不能只给国家级的研发机构使用，大的商业机构也可以使用，所以，他们就开发了大型机，当这样一个第一性原理放在了大型的商业机构的时候，它的市场是放大了一些，但是毕竟大型的商业机构也不多。当市场被满足之后，又有后来者渴望有更大的市场空间，这又颠破了第一性原理，提出不仅大型的商业机构可以用，中小企业也可以用。

当第一性原理发生变化之后，科技研发都有向前推进，研制出了适合中小型企业的小型机，当然中小企业都能用了，价格自然就下来了，价格下来之后，客户就会越来越多。

这时乔布斯出现了，他说，为什么计算机只能给企业用，不能放到每一个家庭里，不能放到每一个人的办公桌上？当第一性原理又一次被调整的时候，它的市场空间变得更加巨大了，于是就有了乔布斯和比尔·盖茨在PC端的发力和成长。

当比尔·盖茨的梦想实现的时候，当每个家庭都有了一台电脑的时候，每个办公室的每一张办公桌上都有了一台电脑的时候，又有一个伟大的想法出现了，为什么不能每一个人都有一台？为什么不能把计算机放到每个人的手上，更便捷地使用？这个时候智能手机出现了。

第一性原理随着时代、格局、需求的变化而不断地破与立。这种思想也是李燕杰老师给我们做商业的深刻启迪。

李善友教授说："人生就是表达，表达是生命唯一的主题。"

生活是由一个接一个的屁事排满的，烦恼也不会自己走掉，而是会被另一个烦恼解决。只要在心灵深处找到更美好的东西来引领我们，我们才不会成为恐惧的奴隶。

表达有很多方式，一次演讲、一场谈判、一个动作、一个眼神、一套衣服或者一篇文章。所有的表达都需要灵感流淌，都需要心流涌动，都需要至善至美，都需要爱。

一切的美好，才是基础假设，才是力量之源！

※ 杨 哲

你害怕当众讲话吗

大家第一次当众讲话时会紧张吗？所有紧张的人，只能说明一个很重要的问题，那就是你很正常。

心理学家做过统计，在人们感到最恐惧的事情中，死亡居然仅排在第二位，列在第一位的居然是当众讲话，即使是伟大的演说家丘吉尔，也说过这样的话，他说人生中有三件最难的事情：第一件事是爬上一堵向你倾倒的墙；第二件事是吻一个决心要离开你的姑娘；第三件事就是当众讲话。做好当众讲话不是一件容易的事情，而影响演讲效果的最大的拦路虎就是紧张。有些人在当众讲话前会紧张到什么程度呢？

印象特别深刻，多年前在深圳上课的时候，有一个学员，是程序员，他每天的工作就是坐在电脑面前敲代码。突然领导说有一个重要的客户要来参观，让他作为技术专家讲解做过的优秀案例，展示公司实力。就是这简单的一句话，让他花了5天时间做了接近60页的PPT，而且图文并茂，数据清晰。但怎么讲呢？为了准备呈现，他一个星期几乎没怎么休息，一想到要上台讲，心跳就莫名加速。结果到了汇报当天，上场之前，他一个劲儿跑厕所，上台讲的时候，腿也抖手也抖，讲话还磕磕巴巴的。讲完之后，客户还开玩笑地说了一句："你说的这几个案例都不是你做的吧？"惹得众人哄堂大笑，他的脸也瞬间涨得通红。因为此事，让他的专业形象在一次汇报中，大打折扣。

还有一个学员，是一家运动品牌的广州区域的总经理，在一次年终述职会上，她要代表整个广州区域做汇报。论业绩，她带领的团队在全国排名第二。论管理，她带领的团队的稳定度和士气都没得说，所以对于这次汇报也是信心满满，还提前让助理准备好了内容，自己也熟悉了几遍。结果上台刚问完好，看到台下全部是集团总部的高层领导，她大脑瞬间一片空白，什么也想不起来，站在台上愣在了原地，还好这个时候有一个同事出来解围说："看来呀，张总是在等我们的掌声呢，大家鼓掌！"不鼓掌还好，这一鼓掌，原本消失的记忆更是跑得无影无踪了，紧张得只能尴尬地笑了笑。后来，原本准备了半个小时绘声绘色的汇报，只能看着PPT不到10分钟就念完了，还冒了一身冷汗。更令人遗憾的是，原本年后就要晋升的职位，在这次汇报后，领导特意找到她说,让她再准备准备。因为这次汇报,让她与马上就要晋升的职位失之交臂。

或许在这两个学员的故事里,也能看到你的影子,紧张究竟会有哪些表现呢?首先,在心理上,紧张情绪带来的最直接的影响就是对自己不自信,头脑里可能会飘过无数的念头:

我真的能讲好吗?

要是讲砸了怎么办?

待会儿我的表现不够完美怎么办?

要是讲的时候,观众不认可我的内容怎么办?

要是讲得不好,影响我的职业发展怎么办?

……

而这些念头一旦积聚过多,就会让人产生焦虑,开始引发我们的身体反应。比如,声音上,平时都挺正常的,一紧张,声音开始颤抖了,说话也结巴了,就是没有办法流畅完整地进行。表情上,一紧张就开始面无表情,甚至是无法自如地调动自己的表情,笑容像是挤出来的,严重一点可能面部肌肉还会轻微抽搐。肢体上,一紧张,拿着稿子或者翻页笔的手会不自禁地颤抖,腿也会站不稳,左摇右晃,频繁走动,甚至腿也会开始抖动。这些都是紧张会产生的外在表现。

以上的表现,我想无论出现哪个,都会让我们觉得有些丢脸,有些难堪。那么,面对当众讲话的这种紧张感,到底要怎么克服呢?

要想克服紧张,我们首先要正确认识紧张这个情绪。当众讲话的紧张是正常的,是与生俱来的一种生理与心理反应,它是不会被完全消除的。人对未知的事物有天然的恐惧,同时在认知上,我们会认为紧张是不好的,所以,我们对于紧张情绪的不接纳也加剧了紧张感。

同时,适度的紧张是有好处的,比如我们还是原始人的时候,看到同族的人被老虎等猛兽吃掉了,这个会瞬间就会引发紧张感。所以晚上睡觉的时候,或者白天摘果子或打猎的时候,如果再碰到老虎,这种紧张,首先就会锁定我们的注意力,我们会全神贯注地盯着老虎,然后看看能做点什么。如果我们是一个团体,比如说我们人比较多,就可以一起想办法。比如说最后我们挖了个陷阱,把老虎给抓住了,这样就能使自己包括种族存续下来。

所以,紧张可以极大地调动我们的能量和内外的资源,去触发一些有效的行为。紧张本身并不是问题,更不是疾病,它对维持我们个体到种族的正常生存,都是很有必要的,也是一种可以用来保护我们的情绪。

在当众讲话这件事情上,紧张会让我们重视准备,提前很多天开始准备内容,同时可以让我们在台上保持兴奋、提高表现力。既然当众讲话时的紧张是正常的，而且还有好处，那我们还要不要克服紧张呢？请大家记住，我们要克服的不是紧张，而是过度紧张，同时要学会利用紧张积极的一面。

知其然也要知其所以然，接下来，我们再来了解一下紧张产生的原因。大家思考一个问题，明天就高考了，什么样的学生更容易产生过度紧张？没错，一般是那些期望值比较高同时又对自己信心不足的人。所以当众讲话也一样，那些既希望自己表现完美，又不想出丑丢脸，怕出错，同时又没准备好，不知道讲什么，不知道怎么讲，对自己信心不足的人，就会出现过度紧张。所以紧张产生的原因就是有需求且无把握。在线下课堂上，我经常会问学员几个问题：

为了你的演讲，你有提前构思内容吗？

构思内容后，你有写下逐字稿件吗？

写完逐字稿件，你有认真记忆内容直至了然于胸吗？

熟记内容后，你有模拟真实场景至少训练20次吗？

几乎每一次得到的回应都是大家纷纷摇头。当我们没有认真准备，就是在准备失败！所以，当我们知道要当众讲话时，根据时间，尽最大可能充分地准备。

首先是内容准备。提前构思内容框架，有时间的前提下可以写出逐字稿件，准备好辅助工具，比如PPT等。

其次是呈现准备。完全模拟真实场景，比如站立的方位、需要你用到的音量、当时的表情、是否需要使用话筒、需要使用的手势动作等。一般来说，至少需要训练完整的20遍，如时间紧急，也要至少训练5遍。曾经有学员问我："老师，你们都是播音主持科班出身了，也需要这么认真地准备吗？"当然！

新励成培养了300多位专业的演讲教练，大多数都是播音主持科班出身，但是站上讲台授课之前，仍旧需要来到广州进行两个月的集中培训，其中非常重要的一项功课就是过关"当众讲话"，在广州总部的师训教室里、外边的走廊和小河边都是备课的场地。不仅如此，为了找到真实的授课感，没有观众，就在面前摆一圈椅子，想象每个椅子上都有真实的学员，模拟授课跟真实授课几乎毫无差别，早上六七点就已经来了，备课到凌晨三四点才回去，有的老师哪怕身体不舒服，躺着还在备课，还有的老师晚上是拿着课件睡着的。所有人前的毫不费力，都是背后的加倍努力。所有台上的信手拈来，都是背后的死去活来啊！每一份为了演讲结果做的努力都是算数的。唯有功夫到，方能滞塞通。

如何进行有效的情绪调整呢？紧张是一种情绪，所以，缓解紧张感我们也可以用一些小技巧，用以快速调整心态，比如给自己一些积极的心理暗示。有一段在学员实践后非常有效的暗示语言可以给大家当作参考：

待会儿我就要上台了，要是我还没出场，大家就给我雷鸣般的掌声怎么办？

要是我一上场，大家都非常激动怎么办？

要是我讲得太好了，大家都要跟我合影怎么办？

要是我太优秀了，大家都邀请我去分享怎么办？

想想都开心！你看这段话语里是不是都是积极的、美好的画面，这些都会给我们更多信心，同时能有效调整心态。

除了心理调整还有身体调整，身体和情绪是相关联的，紧张的表现会反映在身体上，所以我们也可以通过这个原理，通过调整身体来调整情绪：尝试调整呼吸，大家可以试着想想，紧张的时候，我们的呼吸是不是短快、急促？这样的呼吸会不自觉地加重我们的紧张感，就像演员们都有一个能力，就是收放自如，能随时调整情绪，其实有一个非常重要的环节就是调整他们的呼吸，所以要想缓解紧张，首先就是放缓我们的呼吸，用腹式呼吸法，让气息下沉，吸气让腹部稍微隆起，吐气让腹部收缩，像气球一样，吸气鼓，吐气瘪，这样呼吸得会更深，而且放缓呼吸就能放松情绪，大家可以尝试一下。

另外还可以讲前热身，有很多人上台前身体就会特别紧绷，而在绷紧状态下是很难自如呈现的，所以，可以在上台前，找一个安静独立的空间，做一些原地抬腿跳，或者活动一下自己的身体,达到放松激活的效果。

同时,也需要降低我们对于演讲的期望值,要求太过完美会无形当中增加紧张感。该怎么做呢?我们可以从以下三个方面降低期望值。

第一,不求完美。世界上没有完美的演讲,而我们能做的,就是不断坚持,刻意练习。

第二,转移焦点。其实最开始训练当众讲话,真的不需要过多关注眼神,包括你的站姿、语速。这些都是一种自然流露,就像我每次上课之前,也没有事先设定好我的眼神应该怎么看,手势该怎么做,讲到哪里该如何做动作,我如果总是想着这些,那就没法讲课了。这就好比一只猫想抓老鼠,如果猫在盯着老鼠的时候想:我的姿势应该怎么摆?爪子是怎么样,眼神是怎么样,胡须是怎么样?老鼠早就跑了,但只要这只猫全神贯注在抓老鼠的事情本身,它抓老鼠时的所有姿势就一定不会错!所以我的讲话,注意力应该集中在内容上,"我表达的什么意思?我有什么样的经验想要告诉别人?对大家而言想要产生什么样的帮助?"当我们的焦点聚焦在这些上面,反而会让我们讲话更放松。

第三,敢于丢脸。有句话说,丢丑,丢丑,丑丢完了就都是美了!今天我们把丑丢在训练的舞台上,明天我们把面子在正式的场合挣回来。

"自信是成功感觉的积累"这句话，上过"当众讲话"课程的学员一定是深有感触的，因为大家在课堂上最重要的收获就是找到当众讲话过程中成功的感觉。课堂上至少有20次的发言机会，你只要获得了一次这样的成功，这个心境一下子就扭转了，哎呀，我今天太棒了！当你看到听的人都频频点头，给你热烈的掌声，下了课还有人向你祝贺，这些刺激会让你的心灵感觉到，马上就会有自信产生，一旦有了自信，当众讲话的过度紧张就已经开始在被调整了。那如何做训练呢？

首先是要找到方法。方法不对，努力白费。对于演讲这件事情，后文会给大家讲到非常多的实用且落地的技巧和方法，大家可以认真学习。

其次就是反复练习。找机会、找场合，多多训练。从前有个叫陈康肃，号尧咨的人，箭术精良，举世无双。因此，他心里非常的骄傲，常常夸耀自己的本领。"我的箭术没人比得上。你们有谁愿意跟我比比看啊？"

"师傅，你实在是太高明了，我们怎么比得上你呢！""是啊，我们还要多跟你学习学习呢！师傅你再表演一下，让我们开开眼界嘛！"这些想从陈尧咨那儿学得箭术的年轻人，每天都说些恭维他的话，让他开心。

有一天，陈尧咨带着徒弟在院子里练习射箭，有一个卖油的老翁正好路过，便停下观看。陈尧咨举起了弓，搭上箭，一连发出十支箭，每支箭都正中红心。徒弟们在旁边拍手叫好，陈尧咨也很神气地对老翁说："你看怎么样？"那个老翁只是微微点头，并不叫好。

陈尧咨心里很不舒服，不客气地问他："喂，你这个老头也会射箭吗？"

"不会。"

"那是我的箭射得不好吗？"

"好是好，不过，这只是一种平常的技术罢了，并没有什么了不起。"

"老头儿，你说的是什么话？竟然这样侮辱我们师傅。你知不知道我们师傅的箭术，没人能比得上。你简直太看不起人了。"

"年轻人，你先别生气，我说的是真话。你的箭术的确平常得很，没什么值得夸赞的。"

"老头儿，听你这么说好像很内行，那你就露两手给我们瞧瞧。不服气就比画比画。光说不练有个什么用？"

"小兄弟，这射箭的本领我可没有，不过让我倒油给你们看看。"

"倒油，这还用得着你这个老头来表演吗？倒油谁不会？别开玩笑啊！"

"你们还是看了再说吧。"老翁说完，就拿了一个葫芦放在地上，又在葫芦口上面放了一枚有孔的铜钱。然后舀了一勺油，眼睛看准了，油勺轻轻一歪，那些油就像一条细细的黄线，笔直地从钱孔流入葫芦里。倒完之后，油一点儿也没沾到铜钱。

老翁很谦虚地向陈尧咨说："这也是一种平常的技术罢了，也就是熟能生巧的道理啊！"当众讲话也是一样，反复练习，终会熟能生巧！

所以，当我们对紧张，增加了把握，降低了需求，它就不会再过多困扰我们，才能享受表达带给我们的美好。

※ 陈 粤

爱上表达

不知道你有没有驾车的经历，刚开车上路的时候会有点怕，有点紧张，遇到别人按喇叭的时候，甚至会有一些手足无措，但随着驾驶时间越长，经验越丰富，你紧张害怕的感觉会越来越少，甚至开始享受其中的乐趣，你的能力开始提高，你的心境开始改变。当你的驾驶技术越来越成熟的时候，你会开始欣赏沿途的风景，你会感受洒在你方向盘上的阳光，也会享受车轮轧在路面上的声音。

对于想要成为表达高手的你来说，刚开始驾驶时的害怕是我们的必经之路，当众讲话害怕也是我们的必经之路。而享受驾驶乐趣和表达并爱上表达也是我们心之所向的目标。

在上一章节，我们分享了如何克服当众讲话的过度紧张，学会管理讲话时的紧张和害怕情绪，如果你做到了，那恭喜你突破了当众讲话的第一步："敢讲"。接下来我们还需要"能讲""会讲""巧讲"，最终让我们爱上并享受讲话，成为表达高手。我们一起从多个维度探讨一下如何能够爱上表达，如何成为一个表达高手。

爱上表达是一种什么样的感觉？

当我问起在新励成上过卓越课程的学员，你们现在在台上开课、讲课是一种什么感觉，很多学员都会回答我一个字，那就是"爽"。有学员说是自己突破了当众讲话的恐惧后，带来的那一份成就感；有学员说是突破了自己的舒适区和能力边界所带来的喜悦感；还有学员说是站在台上滔滔不绝地输出自己的观点，影响并帮助观众打开认知的那一份价值感。

每个人形容爱上讲话的感觉都不一样，但有一样东西是相同的，就是他们在讲话过程当中产生的心流，在讲话的每一秒都是投入的，都是精力集中的，都是心无旁骛的，是一种全然活在当下的状态。在心流状态里，你不会因为自己说错了而感到自责，也不会担心自己讲错话，更不会轻易被别人所影响。

新励成有一门王牌课程叫作"当众讲话"，起初学员都是因为想克服紧张、害怕讲话而来,"当众讲话"第一节课的时候,每一位学员在台上表达的状态都比较拘谨,讲话的时候甚至会左顾右盼,眼神会飘忽不定,手势动作也不知所措。但随着课程进度的深入,能够看到大家在台上的状态越来越放松,尤其是到了课程的后期,大家会随着课程的主题沉浸在自己的表达中,手势也会跟着表达的节奏像指挥家一样挥动起来,能够看得出来,他们非常享受当下表达的感觉。

你知道自己为什么不爱讲话?

表达欲望对于表达来说非常重要,表达欲望是对表达的热情,如果没有表达的欲望和热情,话都不想讲,那是很难提升表达能力的。我们总是在追求表达的技巧和方法,却忽略了自己不爱和不想表达背后的原因,恰恰这一部分原因尤其重要。我们一起探讨不爱表达背后的原因有哪些,也许当我们知道了原因之后,便能在讲话这件事上放松、从容起来。

隐约记得我六七岁的时候,每年过年家里都会来很多亲戚,十个亲戚里面有八个喊不出名字,突然看到这么多人换谁都会有些不适应,所以每次家里有人来,我都爱躲在房间里不出来,父母喊自己出来给大家打招呼,等到自己出来了刚准备张嘴讲话，父母就对着所有亲戚说："哎呀，我这孩子不爱讲话。"

曾经有个学员在课堂上分享了这么一个简短的片段，让在座位的几个学员连连点头，不知道你有没有类似的经历。以下就是不爱表达背后的几个因素。

第一，原生家庭对我们语言表达的能力和欲望有很大的影响。比如在童年时期缺少环境的刺激，父母自身也不善言辞，使孩子缺少模仿的机会，而模仿正是引导孩子的关键。

现在有不少家长喜欢对孩子使用否定教育，经常以批评孩子的方式来达到教育的目的。这使孩子对父母的信任感降低，他们也会因为担心受到父母的斥责和批评，在和父母表达自己想法的时候，会变得小心翼翼。孩子只要出现这种心理，他们就会缺少表达的动力，不愿意去表达自己的想法。

许多孩子都有自己的想法，想按照自己的想法去做事情，比如有的孩子想画画，但是经常在画画的时候，不小心弄得满地都是颜料，有些家长会说没有关系，等画完了我们一起来清理，也有的家长会训斥孩子，画这个有什么用？哪里都是脏的，赶快收起来。相信，家长总是理解孩子，孩子就会变得开朗，想表达自己的想法，而家长总是指责孩子，那么孩子就会变得郁郁寡欢。不知道怎样去表达自己，不敢去表达，也不愿意去表达。

同时，现在有不少的父母在面对孩子时，喜欢用说教的方式，但父母用语言来教育孩子已经限制了孩子的表达机会。特别是父母在面对孩子发泄情绪的时候，孩子表达想法的机会就会更少，就会逐渐将这种表达转变为敷衍，为了应付父母而默默忍受。

家庭环境对我们表达的欲望和能力影响非常大，同时也非常深远，所以如果你现在是父母，一定要调整自己与孩子的沟通模式。如果你有类似经历，也不需要过度担心，新励成已经帮助很多学员建立自信并提高了表达能力。

第二，过去不愉快的表达经历也会影响我们。有学员在IT岗工作已经十年，各方面的专业能力都特别突出，领导想把他提拔到管理岗位带团队，想给他一个上台展现自己的机会，于是让他为一场比较重要的会议做主持。在会议现场，这位学员看到每一个部门的领导都坐在下面，现场的气氛很严肃，安静得甚至笔掉在地上都会发出很大的声音。他看着各位领导的表情，越来越紧张，手脚开始不自觉地冒汗，手上的翻页笔也被汗水浸湿，可以听到自己的声音越来越干涩，甚至讲一句咳嗽一句，讲一句卡壳一句，一场简短的会议仿佛经历了一个世纪。

从这以后，他再也不敢在公司轻易当众讲话了，这场主持给他留下了一个难忘的记忆。他认为自己这次的主持特别糟糕，就算自己的领导过来和自己说，你已经表现得很棒了，但是自己还是会否定自己。甚至后面的晋升机会，这位学员也因为这次主持的经历而放弃了，因为他认为自己只要当众讲话就一定会丢脸。

这个案例是我在上"当众讲话"课时的真实案例，不知道大家会不会和这位学员感同身受。有一句话叫作"一朝被蛇咬十年怕井绳"，其实这个学员的故事也是一样，曾经在当众讲话这件事上踩过坑，留下了心里阴影，我们把它叫作心锚，当心锚出现的时候，就会重新唤醒当初这件事情给你带来的感觉。有很多学员曾经都有过类似不愉快的讲话经历，给自己种下了一个不愉快的心锚。如果你有类似的经历，那就需要一些破除心锚的方法。

第三，缺少对生活的感受。一次课间休息时，有一群学员围在一起讨论假期时去旅游的感受，只见有学员问另一个学员：你上次去云南大理什么感觉啊？对方看了看大家，愣了一下，憋出一个字：爽。

不知道大家有没有过这样的体验，当别人问你对某一件事情有什么样的感受时，你只能模糊地说出一点点形容词，比如"还行""还好""爽""一般"等，甚至会说没感觉啊，这有啥可说的。

有一个成语叫作有感而发。其实不爱表达的背后也有一种原因，就是缺少对这件事情的感受，如果没有感受那自然就表达不出来。在"心理素质"课上，我们把这种表达感受的能力叫作"情绪颗粒度"，情绪颗粒度高的人能够清晰地觉察自己和别人的感受，并且能够表达出来。

第四，缺少表达方法。我们心里可能会有很多想法，而当表达出来的时候，可能会这里讲一点，那里讲一点，讲了长篇大论，结果对方愣是没听懂你在讲什么。而每一次表达的时候，你都会觉得自己讲话没有逻辑和条理，久而久之，对表达这件事情就不自信，不爱表达了。

我们试想一个场景，假如你有一个仓库，仓库的地上杂乱无章地堆满了一些货物，此时你需要把货物做一个清点，看到这些货物，想必你应该很头痛，感觉无从下手。大家想一想，如何提高每一次清点货物的效率？其实办法有很多，最方便、高效的方法就是安装一个货架，把货物按照顺序、编号分别放进货架，这样每次清点货物时候的效率就会比在地上一件一件翻要高得多。

其实表达也是一样，我们的想法就像一件一件散落在地上的货物，如果它是杂乱无章的，那表达起来也是令人头疼、摸不着头脑的。如果你想高效表达，其实就需要一个框架把所有的想法提前罗列、整理出来，这样你的表达就会得心应手，对吗？

对自己有了一定的了解后，我们如何才能真正爱上表达呢？

首先是接纳。害怕表达的背后有追求完美的心理状态，不允许自己出错、担心自己讲不好、担心别人对自己的看法、害怕别人的评判，所以爱上表达的第一步的关键词是接纳。

心理学家做过一个实验，他穿着一套非常显眼的红色运动装去参加一个聚会，而这个聚会中，大家穿的都是比较商务的衣服，并打算聚会结束后随机调查大家对自己的印象和看法。还没有走进会场的时候，他心里就在想，完蛋了，自己一定会成为大家的笑柄，别人一定会觉得自己是个傻瓜蛋子。进入会场后，他总是感觉有人在议论自己，偷偷看自己，整的自己在聚会中浑身不自在。但在聚会结束后的调查中，其实并没有几个人记得有一个穿红色衣服的人，对这个穿红衣服的人的印象也并不是个傻瓜蛋子。

我们常常太过于在意他人的看法，其实很多时候我们对别人来说并没有自己想象的重要。我们无法做到让每一个人都喜欢，也无法去控制每个人对自己的看法，这是社交当中很正常的一部分，所以要学着去接纳别人对我们的看法，允许别人在一定范围内对自己有意见，允许别人提出与自己不同的观点，允许每个人不同的存在，这样你会在表达的过程中表现得更加放松和自在。

同时，我们也要学会接纳自己，就像上一章节讲到的如何克服紧张，那就是允许自己犯错，允许自己出错，降低自己的期望值。

其次是刻意练习。享受表达的前提是得心应手，得心应手的背后是拥有足够的能力。爱上表达的前提，是能够在其中得到满足感（成就感、喜悦感和乐趣），得到满足感的背后是有及时的正反馈。

大家会发现同一个班级，同一个老师，讲的是同样的内容，到最后，有的学员成长很快，有的学员成长很慢，越是成长快的学员越是享受其中的乐趣。分析其背后的原因，其实是学习方式的问题，我们总是不断提醒学员，学习的方式比努力更重要。

接下来分享一下学习的方式，如何学习能够快速提升能力，让我们对表达得心应手，如何进阶能让我们享受其中的乐趣，从而爱上表达。有一种学习方式叫刻意练习，一共分为以下四个步骤。

第一步，需要具有明确的目标。明确的目标可以分为定大、小两种目标。大目标定榜样，我建议大家找到一个自己在表达方面的榜样，找到一个你欣赏的喜欢的崇拜的人，向他看齐，以他为目标。小目标定阶段性提升的目标，比如我最终的目标是有气场、有逻辑地站在台上讲满30分钟，这时候就需要把这个目标像切蛋糕一样，拆分成一个一个有标准的小目标，为了能完成目标，我需要：第一步，能够轻松地站在台上；第二步，能够有逻辑、有条理地表达2分钟然后是5分钟、10分钟，直到30分钟；第三步，在轻松表达的基础上能够更加有气场和魅力。

这个时候，我们就要思考如何才能够一步一步地完成这些小目标。这需要有一个持续不断练习的场合，让我们能够适应舞台，并轻松地站在舞台，同时我们也要积累更多的表达技巧，在训练场合带着技巧、方法持续不断地练习。当我们能够站在台上轻松地讲满30分钟，就可以开始加上一些发声的技巧，一些适合自己风格的手势动作，以及一些简单的互动来帮助我们的舞台呈现更有气场。

最后，一定要在你的每个小目标背后设置完成的时间节点，并跟着这个节点推动自己完成目标，一步一步进行的过程中，你会发现当初自己定的目标，站在台上有气场、有逻辑地讲满30分钟就是水到渠成的事情。

第二步，需要保持专注，全身心投入。在刻意练习中切忌三天打鱼两天晒网，定完目标后，请认认真真、全身心投入地完成自己制订的学习训练计划，在这个过程中你可能会有工作、家庭、社交等各种事情干扰你的计划，但请你一定要持续不断地推动自己，专注于自己的训练并从中找到心流状态。

第三步，要有反馈，发现问题要及时改正。很多学员都是用看书的方式训练演讲和表达，但最后都不了了之。第一是因为没有在一个适合表达的环境中进行训练。第二就是在训练的过程中没有反馈，容易迷失，不知道自己哪里做得对，哪里有进步，哪里做得不好，需要什么方法。所以在训练的过程中，一定需要有一个能够指导和引导你的教练，去发现你在训练时的优点，帮助你看到自己的进步，这样你也会有继续坚持下去的动力，同时教练也会告诉你哪里需要提升了，是你表达的逻辑需要调整，还是你表达的状态需要调整，所以找到一个好的专业的教练非常重要。

第四步，跳出自己舒适圈。比如当你感觉自己讲5分钟完全没有压力的时候，你就去追求10分钟的表达，当你感觉自己可以讲1小时的时候，你就去追求2个小时的表达。又比如当你感觉自己面对10个人讲话没有压力的时候，你就去找50人的场合讲话，如果你觉得50人没有压力，那就去500人的场合。当你一步一步去挑战自己的时候，那种完成目标的成就感会让你爱上表达，同时也会推动你继续挑战自我。

如何爱上表达？我们做一个总结。首先是了解自己为什么会害怕表达或者不爱表达，去深入了解自己；其次是接纳自己；最后用刻意练习的方法让自己的表达在任何场合轻车熟路、得心应手，最后爱上表达，成为表达高手。

※ 张 龙

身能行之，口能言之

"好口才"是什么？这是一个让许多人头疼的问题。有人认为，流利、有趣、生动的演讲是好口才；有人则认为，语言简洁、条理清晰、说话有说服力才是好口才。但在我看来，好口才不仅是让人听得懂、感兴趣和有说服力，更应该包含着一种思想和品格的高度。那么，什么是好口才？我想起了一个故事。

我年轻的时候，曾经有一位老师，他的名字叫作张先生。他是我们学校的一名语文老师，也是我人生中第一位"好口才"的榜样。有一次，我上了他的一节课，课上讲述的是《红楼梦》中的一段文字，一位女孩子的心情和她对自己的认知。听着他那清晰有力的嗓音，我仿佛看到了那位女孩子的面容，感受到了她内心的纷乱与迷茫。

课程结束后，我跟随其他开始陆续离开教室的同学往外走，却发现自己不由自主地停了下来，停留在了张先生的讲台前。他看了看我，微笑着说："你还有什么问题吗？"我当时有些不好意思地说："没什么，我就是觉得你讲得太好了，太吸引人了。"

张先生笑了笑，说道："好的口才并不仅是让人听得懂、感兴趣和有说服力，更重要的是要有思想和品格的高度。你能够从我的讲述中感受到那位女孩子的内心，其实并不是因为我的口才好，而是因为我对这个文本有深入的理解和认识。如果没有这些，再好的口才也只是空话。"

听了张先生的话，我陷入了深深的沉思。我意识到，好口才不是空洞的辞藻和花哨的修辞，而是源自对思想和文本深刻的理解和认识。一个人只有真正理解和掌握了某个领域的知识，才能通过自己的语言，将其传达给别人，并让别人真正地感受到其中的内涵和价值。

多年后，我也成为一名老师，一名成人口才老师，一名一心想要传递好口才标准的老师。在我的教学经历中，有一个学生让我深受触动。她名叫小梅，是一位十分内向的学生，对演讲和表达感到非常的害怕和焦虑。她第一次上我的课时，我看到她的双手不停地发抖，声音也是颤抖的。

我知道，要想让她拥有好的口才，需要从基础开始。于是，我开始了我们的第一堂课：身体语言。我教她如何站直，放松肩膀，抬起头，以及如何运用手势来强调自己的语言。在课堂上，我带着她做各种形体训练，一边慢慢放松，一边感受着身体的力量和魅力。经过一个小时的训练后，她的姿势变得笔直，目光也变得坚定，这时的她，已经有了初步的变化。

接下来，我开始讲授如何掌握好语言的表达。我告诉她，好的语言需要有一个清晰的思路，简洁有力的措辞以及生动的比喻和故事。我教她用自己的语言来讲述一些真实的经历，从而可以更好地表达自己。在我的指导下，她慢慢地掌握了好的语言表达方法，能够更加流利和自信地表达自己了。

我还带着她参加各种演讲比赛，并为她提供了全方位的指导和帮助。在我的帮助下，小梅成功获得了多个比赛的奖项，并且逐渐成长为一个自信、优秀的演讲者。

在这个过程中，我深刻感受到，好口才的标准并不是仅讲授语言技巧，而是要从学生的内心开始，教会他们用自己独特的方式来表达自己。每一个学生都是不同的，他们有着不同的故事和经历，我作为一名口才老师，需要发掘他们的个性和特点，帮助他们打造适合自己的口才技巧。

这只是我众多学生中的一位，到底好口才的定义是什么？通过我们多年的教学研究与总结，我们最终将好口才定义为：通过口语表达影响他人的才能。这个定义可以从多个角度来理解。

首先，好口才并不仅是说话技巧的表现，更重要的是能够通过语言表达影响到他人，并产生一定的影响力。这种影响力可以是说服力，也可以是感染力，通过口语表达的艺术手段，使得自己的观点和思想更容易被别人所接受和理解。

其次，好口才也需要有一定的沟通和情感表达能力，能够有效地传递自己的情感和想法，让别人更深入地了解自己的观点和内心的体验。同时，好口才还需要具备语言表达的美感和艺术性，让听众在听取讲话时获得愉悦和享受。

最后，好口才也需要通过实际行动去证明自己的才能，例如在演讲比赛中取得好成绩，或者在与同事沟通时有效地表达自己的观点等。只有在实践中不断提升口才，才能真正做到通过口语表达影响到他人。

如果要给这个影响力加上一个标准，那么好口才的第一标准就是道德！

在人类社会中，道德一直被视为一种普遍的、共同的准则，决定着我们在日常生活中的行为和决策。同样，好口才也需要以道德为基础。一个口才出众但缺乏道德的人，往往只会给社会带来负面影响，甚至会导致不良后果。

好口才的道德标准包括两个方面：一是要守法；二是要遵守伦理道德。守法是指要遵守法律法规，言行不能违反法律；而遵守伦理道德，则是要在口才表达中做到尊重他人，遵守社会公德，不做伤害他人利益和感情的事情。

如果一个人的口才能够吸引大量听众，但是言辞却不择手段、违反伦理，那么这种口才是不可取的。我们常常听到一些具有争议性的言论或煽动性的演讲，这些演讲者往往只注重效果而忽略了道德。在这种情况下，他们可能会获得一时的成功，但这种成功是建立在不正当的基础上，是不可持续的。

因此，好口才的第一标准是道德，只有遵循了道德，才能真正发挥好口才的作用。一个道德高尚的人，其言辞不仅会引起听众的共鸣，也会在道德层面产生正面的影响。正如先贤所言：修身、齐家、治国、平天下，一个有好口才的人，在修身、齐家的基础上，更能够为治国、平天下做出贡献。

总之，好口才的道德标准是一个人的道德修养、价值观念和社会责任的体现。只有遵守了道德，才能真正获得影响力，为社会创造更多的价值。

那么一个拥有好口才的人，他的价值观应该是什么样的呢？我认为应该具备以下三大特质：真实、善良、专业。

真实

鲁迅先生曾经说过："要让自己的言辞变得有力，最关键的就是要在自己的内心深处找到一种真实的声音。"

语言表达真实是我们交流和沟通中至关重要的一环，它决定了我们能否获得对方的信任和尊重，以及在人际关系中的地位。如果我们的语言表达虚假或不真实，那么我们就失去了被信任和尊重的基础，与他人建立的关系也是虚假的。这样的人际关系缺乏真诚和信任，不仅无法让我们得到他人的支持和帮助，也难以持续和稳定地发展。

因此，语言表达真实的重要性不可忽视。真实的语言表达可以让我们更加自信和坦诚，与他人建立更加稳固和互信的关系。同时，真实的语言表达也是个人品格的体现，它代表了我们的诚信和责任感。只有在真实的基础上，我们才能更好地展示自己，实现自己的价值。

在职场中，语言表达真实同样至关重要。一个真实和坦诚的人，会让同事和上司对其更加信任和尊重，更有可能获得支持和提拔的机会。而一个虚伪的人，则很难获得他人的信任和尊重，更难在职场上得到成功。

因此，无论在生活中还是职场中，语言表达真实都是我们必须时刻牢记的原则，只有在真实的基础上，我们才能更好地与他人交流、沟通，获得更多的支持和尊重。

有一天，我遇到了一个刚刚面试完的应聘者，他叫小明。小明非常睿智，有着非常优秀的学历和工作经历。然而，在面试过程中，他显得非常紧张，语言表达也不够自信和真实。

当我问他"你在过去的工作经历中遇到过什么挑战"时，他的回答非常机械："我在之前的公司遇到了很多困难，但是我都成功地克服了它们。"

我察觉到他的回答缺乏真实感，便进一步询问："你能否详细地说明一下你所遇到的困难以及你是如何克服它们的呢？"

小明显然感受到了我的质疑，有些不安地回答："其实就是一些公司内部的事情，没什么大不了的。"

我看出小明的不自信和欺骗，并告诉他："你不需要把自己包装成一个完美的人。在职场中，我们都会遇到各种各样的挑战和困难，重要的是如何诚实地面对和解决它们。你的经历和挑战就是你成长的见证和机会。"

在我的鼓励下，小明开始敞开心扉，诚实地讲述了他在工作中遇到的一系列挑战和困难，以及他是如何通过学习和实践来解决它们的。他的回答变得自信、真实，也让我对他的能力和潜力更有信心。

这个例子说明，当我们不能真实地表达时，很容易会被发现欺骗和包装自己，失去他人的信任和尊重。相反，如果我们敢于面对和表达自己的真实感受和经历，就能够获得他人的信任和共鸣，并且更好地影响他人。因此，在任何场合下，我们都应该努力做到真实地表达自己，从而获得更多的价值和机会。

善良

　　首先,善良的品质可以让我们的表达更加真实。当我们表达时,如果我们的内心充满了怨气和负面情绪,那么我们很可能会说出一些伤人的话语,这样只会让沟通变得更加困难。而如果我们保持善良的品质,就会更加坦诚地表达自己的想法和情感,这样对于沟通的进展是有帮助的。

　　其次,善良的品质能够让我们的表达更加有效。如果我们表达时只关注自己的利益和需要,那么很可能会忽视对方的感受和需要,导致无法达成共识。而如果我们注重善良的品质,就会更加关心对方的感受和需求,从而更好地理解对方的立场和想法,进而达成更加有效的沟通。

　　最后,注重善良的品质能够避免伤害他人的感情。在职场和生活中,我们需要处理各种各样的人际关系。如果我们的表达方式过于尖锐或是带有攻击性,那么就很容易引起他人的不满和抵触,进而破坏自己人际关系。而如果我们注重善良的品质,就会更加关心他人的感受,从而更好地避免伤害他人的感情。

　　在公司年会上,小明被评选为最佳新人,领导在颁奖时对他给予了很高的评价。但是,在小明走下领奖台后,另一位同事小红在后面嘀咕着："这也能评为最佳新人？明显就是因为他父母认识领导那才得到的。"

这时，小张走过来对小红说："小红，我觉得你说的不太公平。小明的确是业绩突出才获得这个奖项的。如果我们随意怀疑别人的成就，而不去相信并赞扬别人的努力和才华，那么我们自己也永远不可能获得成功。"

小红听了小张的话后，面露尴尬之色，默默地离开了。

这个例子充分说明，在人际交往中，语言表达的真实性和诚信是多么得重要。小张通过真实的话语去维护小明的成就，表现了他的正直和诚实，赢得了同事们的尊敬和信任。而小红的恶意猜测和不负责任的言论，则让她失去了同事的支持和尊重。

总之，注重表达中的善良是我们在日常生活和工作中应该具备的一个重要品质。在与他人交流、沟通时，我们要时刻保持善意、尊重和真诚，这样才能够在表达中发挥自己最好的作用，让自己和他人都能够获得最大的价值和收益。

专业

在职场中，表达的质量直接关系到工作的效率和结果，因此，注重专业的品质是至关重要的。主要有以下三个方面的原因。

首先，专业的表达可以提高工作效率。在职场中，人们需要及时有效地沟通信息、传递意图、协商方案等。专业的表达可以减少双方之间的误解和沟通障碍，避免工作出现偏差或重复，从而提高工作效率。

其次，专业的表达可以树立自己的形象。在职场中，专业的表达可以体现出个人的专业素养和职业能力，增强自己的职业形象和信誉。同时，对于团队合作来说，专业的表达也可以提高团队的凝聚力和效率，使团队合作更加高效。

最后，专业的表达可以提高职业发展的机会。在职场中，专业的表达可以使人获得更多的工作机会和职业发展空间。因为专业的表达可以展现出个人的能力和素养，让领导和同事对个人更加信任和认可，从而提升个人的职业地位和发展空间。

由此可见，职场表达要注重专业的品质，才能更好地适应职场环境，提高工作效率，树立个人形象，获得职业发展机会。

李明是一名在某互联网公司从事软件开发工作的职场人士。在公司，他经常需要与其他同事和客户进行交流和沟通，因此他非常注重自己表达的专业性。

有一次，公司的一位客户找到李明，希望他能够解决一个软件问题。李明通过电话了解了客户的问题，并表示他需要到客户公司，现场进行检查和修复。

当李明到达客户公司时，发现问题比预想的更加复杂。他耐心地观察了几个小时,最终发现问题出在客户的服务器配置上,而不是软件本身。李明马上跟客户进行了沟通,并给出了详细的解决方案。在与客户的交流中,李明一直保持着专业的态度和用词,没有使用任何不专业或者粗鲁的言辞。

经过几天的努力,李明最终成功地解决了这个问题,客户对他的表现赞赏有加。在这次交流中,李明表现出了极高的专业素养和职业道德,展现出他作为一名职场人士应有的专业品质。

后来,李明在公司得到了更多工作和升职的机会,他也一直在不断学习和提高自己的专业能力和表达技巧。他深知,专业的表达能力不仅能够提高工作效率,而且能够在职场中赢得更多的信任和尊重。

好口才的标准到底是什么?回想起开篇提到的张老师,他的话仍然在我的脑海中回响:"好的口才并不仅仅是让人听得懂、感兴趣和有说服力,更重要的是要有思想和品格的高度。"这是一个简单而深刻的道理,我们在职场中需要注重这些品质,不断地提升自己的口语表达能力。只有通过这些努力,我们才能在职场中取得更多的成功和发展。因此,我希望每个人都能认真思考并践行好口才的标准,用真实、善良和专业的语言,传递自己的价值观和想法,为自己和他人创造更美好的职场环境。力求达到"身能行之,口能言之"的境界。

※ 方泽军

做个有趣的人

在人际交往中,让自己成为一个有趣的人是很重要的。一个有趣的人可以吸引别人的注意,让别人愿意与你交往和沟通。所以,如何成为一个有趣的人,让别人爱听你讲,这是一个需要我们关注的问题。

赞美在沟通中的作用

早上起来出门前,爱人穿着新买的裙子站在你面前,拉住你,让你评价一下,你会怎么说?"还可以,不过还是穿裤子更好看一些。"如果你这样回答,收到的可能是接下来一天的不愉快。换一种方式呢？"老婆太美了！这条新裙子第一次看见呀！"

很多人会说，天啊！这样的话我可说不出口，这简直是拍马屁，老夫老妻的，有必要这样相互虚伪地夸赞吗？我就是一个直接的人，想到什么就说什么。

事实真的是这样吗？我们先来看一下字典里对于赞美的定义——发自内心的对于自身所支持的事物表示肯定的一种表达。恰如其分的赞美能使我们更好地与朋友、同学交往，从而增进朋友和同学之间的友情和友谊。所以如果我们很难发现或表达赞美，我们首先要给自己一个安静的空间，去与自己的内心对话，可能我们需要提升一下发现美的能力。

如果你不是这种情况，你想表达赞美，但是每次要开口的时候却又不知道如何表达，那以下几个技巧你可以试一试。

第一，请教式。我在广州天河就有一位学员，那天他见到我，就跟我说道："方老师，关于礼仪沟通这个板块，你是专家，我一定要多向你学习请教。"听他这么一说，我心里也特别开心，这就是一种"请教法"。把赞美通过请教的方式表达出来，可以让对方更容易接受。

在实战场景中，和领导的沟通就非常适合请教式的方式，比如："你好，我一直很钦佩你在团队中的领导才能和专业能力，你总是能够带领我们迎接挑战并取得成功。我想请教你的管理经验和策略，因为我相信你的成功是建立在你独特的技能和经验基础之上。我很想向你学习，如果你能给我指点迷津，我会非常感激"。

再比如，家庭沟通中也可以使用，比如："亲爱的，我真的很感激你一直以来在我们家庭中扮演的角色。你总是那么有耐心，关心并帮我解决家里的各种问题。你是我生活中的重要支持者和榜样。我非常想向你请教一下，我如何才能更好地管理我的时间和事务呢？我知道你很擅长在工作和家庭生活之间寻找平衡，所以我希望能从你的经验中学习一些技巧"。

第二，间接式。我在上海也遇到过一个学员，他非常会赞美。在他的赞美过程中，不会直接表达，每次都会引入其他人。有一次他见到我，就跟我说道，"方老师，真的好久不见，总是听到黄校长说起你，夸你的课有多好，今天终于来到你的课堂上了，要多跟你学习呀"。这种间接通过第三人的角度赞美的方法，也让别人听起来很真诚。

"最近我看到一篇关于领导力的文章，里面提到了一些非常有启发性的想法，让我想到了你在工作中的领导风范。你总是能够以身作则，给团队带来正能量，这让我非常钦佩。"

这种方式的赞美并不是直接地针对对方，而是通过提到一些与对方有关的话题或事件，让对方很自然地感受到被赞美，同时也不会显得过于强烈或直接。

当你看到同事做了一件很出色的事情时，你可以使用间接式赞美来表达你的赞赏。比如说："最近我看了一篇关于如何处理客户投诉的文章，里面提到了许多非常好的建议。我感觉你工作中使用的很多方式都和这篇文章里的建议一致，我现在才发现，你真是厉害。"

通过间接地提到自己的发现，然后将赞扬和发现融入其中，这样的赞美不仅能让同事感到自己受到了认可，还能让他们感到自己的工作是有意义的。

再举一个例子，当朋友向你展示他的画作时，你可以使用间接式赞美来支持他们，例如："哇，这是你的作品吗？我很喜欢它的用色和构图方式。我不太懂艺术，但我可以看出这幅画是有深意的。"这种方式不仅表达了对朋友作品的欣赏，还让他感到你对他的付出和努力表示了认可。

第三，标签式。我们部门原来有一位平面设计师，他的技术非常厉害，有一次大家一起合影，过程中有一位伙伴的眼睛是闭上的，其他人都很好。我们很想将这张照片发在朋友圈里，但遗憾有一个人的眼睛没有睁开，所以也很无奈，但他主动提出解决这个问题。不出五分钟，当他把照片发到群里的时候，我们都惊呆了，这位闭上眼睛的同事也睁开了眼睛，所以从那之后，我们给他取了一个称号——"开眼设计师"，他听了非常开心，这就叫标签式赞美。把赞美通过具体的一个细节放大出来，形成标签，让对方感觉非常舒服和开心。

在沟通中，赞美是非常重要的一种技巧。赞美可以帮助你建立与对方的良好关系，让对方更加愿意与你交往和沟通。通过赞美，你可以表达对对方的欣赏和尊重，增强对方的自信和信任感。同时，赞美还可以让对方感到舒适和开心，从而增加交往的愉悦性和深度。

这个案例发生在一家咖啡店里，服务员小王正在为顾客提供优质的服务。顾客看到小王热情周到的服务，便说："小王，你真是个热心肠的服务员！"这句简短的赞美就像是一张标签，贴在了小王身上。从此以后，每次这个顾客来到这家咖啡店，都会主动找到小王，并且小王的服务质量也得到了其他顾客的认可和好评。这个标签式赞美的威力就在于它能够让人们把一个人与某个特定的品质联系起来，从而形成一种印象。这样一来，这个人的形象就会在人们的心目中树立起来，让人们对他产生深刻的印象和信任。所以，如果我们想要赞美别人，就可以用标签式的赞美方式，把别人的优点与某种品质联系起来，让赞美更加深刻和有力。

我认识一个人叫小张，他是一位非常敬业的老师。每当我想到他，就会想起一个标签：专业。小张总是非常认真地备课和授课，无论是在课堂上还是在课外，他都会不断学习和探索新的教学方法和技巧。他对每一个学生都很关心，总是耐心地解答他们的问题，并给予他们积极的反馈和鼓励。他不断地激励学生发掘自己的潜力，成为更好的自己。因为他的专业和热情，小张已经成为许多学生心目中的楷模和榜样，他的教学成果也备受家长和学校的赞誉。我很欣赏小张的专业精神，而身边的人说起小张，都会提到专业这个词，他让我相信只要我们用心做好自己的工作，就一定能获得成功。这也是标签式赞美的力量。

性格对于沟通的影响

DISC性格理论，由威廉·M.马斯顿提出，是一个非常有用的工具，它可以帮助我们更好地了解自己和他人。通过了解自己和他人的DISC性格，我们可以更好地掌握沟通的技巧和方法。不同的DISC性格对于沟通的方式和需求是不同的。比如，D型人格喜欢简洁明了的信息和直接的沟通方式，而I型人格则喜欢轻松愉快的氛围和充满情感的交流方式。了解对方的DISC性格，可以让我们更好地满足对方的需求，让沟通更加顺畅和有效。

温州一位D性格的学员分享过他的一次微信聊天。曾经的一位同事突然给他发微信，内容就两个字："在吗？"于是他没回复，过了几个小时，对方又问了一次："在吗？"他直接回复一句："如果不出意外，未来的50年我都会在。"所以我们在与D性格的人沟通时，尽可能直截了当地表达，减少过多的铺垫。再举一个例子，如果自己的好朋友失恋了，四种性格会怎么做？

D会说：哭什么啊，这种男人值得你哭吗？早就说过他配不上你，叫你不要为了他辞掉工作，现在赶紧去洗脸，我帮你做简历，明早就去面试新工作，电话关机，谁都不要联系，等你成了富婆，就让这个狗男人后悔去吧。

I会说：走，跟我出去吃饭唱歌去，失恋没什么大不了的，下一个会更好，大好时光何必浪费在他身上，等我给你叫朋友出来一起玩，后天跟我一起去香港shopping，最近好多品牌出了新款包，包治百病，我现在就订机票，我们后天去买。你现在去换套衣服，晚上吃完饭去蹦迪，今晚通宵，明早去我家补觉。

S会推掉手上的事务，手里捧着纸巾盒，甚至陪着好朋友一起哭，买食材给她做饭吃，给她准备爱吃的食物，好言相劝，倾听好朋友的诉说，给她安慰和陪伴。

C会要求好朋友把整个事件的经过都叙述一遍，分析究竟为什么会分手，是什么原因导致分手，究竟是渣男还是渣女，要怎样做才能够避免未来再次发生这种情况。所以，我们要了解不同人的不同性格，才能更好地与他人进行沟通。

再举一个例子，假设有两个人：一个是DISC类型为D型的销售经理；另一个是DISC类型为C型的技术支持人员。在客户会议上，销售经理会用更加直接和果断的沟通方式来表达产品的优势和售卖点。但是，对于C型人员，这种直截了当的方式可能会让他们感到被压迫或者失去控制，从而降低沟通效果。

因此，在这种情况下，销售经理应该注意适应C型人员的性格特点，采取更加温和、逻辑化的沟通方式，通过提供更多的技术细节和分析数据来帮助C型人员理解产品的优势，并与其建立信任。如果销售经理能够了解并适应C型人员的思维方式和沟通习惯，就可以更有效地与他们沟通，提高销售成功率。这也是DISC性格对沟通的影响所体现的一个例子。

演讲中要使用表演技巧

在演讲中，表演技巧是非常重要的一种因素。一场优秀的演讲不仅需要有丰富的内容，还需要有生动的表现形式和独特的演讲技巧。通过运用表演技巧，可以让演讲更加生动有趣，吸引听众的注意力，增加演讲的影响力和吸引力。

记得在天河，我有一位学员，当时他正在舞台上演讲，讲到自己跟老婆求婚的故事时，顺势做出了一个单膝跪地的求婚动作，他的这一举动让我们印象深刻，所有的女同学都对他投去了热切的目光。即使过去了好几年，那个画面依然停留在我的脑海中，让我久久无法忘怀，这就是表演在演讲中使用的重要技巧。

我们一般在什么时候使用表演技巧更为合适呢？第一个就是讲故事的时候，在前面的章节里面，我们讲到了讲话要讲画面般的语言，而肢体动作是画面语言最好的外化形式，在讲故事时，你可以通过模仿和比画的方式，将曾经经历时的肢体动作还原出来。我们来做一个训练，比如今天你要讲一个自己翻墙出去的故事，那此时此刻你会做出哪些动作呢？这时我们就可以通过手来比画翻墙，让观众更有代入感。今天你要讲一个开车的故事，我们也可以通过手模拟操纵方向盘来让观众进入驾驶的画面场景里。

闻一多是一位著名的作家、教育家和文化名人，他在演讲中也运用了表演技巧来吸引听众，使其演讲更加生动有趣。

有一次，闻一多在给一群学生做演讲时，使用了一个生动的比喻来解释他对于知识的理解。他举起手中的一支笔，对听众说："这支笔在我手中就像一条活龙，具有无限的可能性，我可以用它写下任何想法和感悟。"接着，他把笔放到桌上，又说："但是，当这支笔离开我的手，落入了你们的手中，它就变成了一根木棍，没有了生命力和创造力。"

这个比喻既形象又生动，使听众更容易理解闻一多对知识的理解。同时，闻一多使用了肢体语言和音量变化来加强效果，使演讲更加生动有趣。通过这样的表演技巧，闻一多吸引了听众的注意力，使得他的演讲更具有说服力和影响力。

奥巴马是一位极具感召力的演讲家，他的讲话风格独具特色，运用了多种表演技巧，使他的演讲更加生动、有力。

在2008年的美国总统大选中，奥巴马在举行自己的胜选演讲时，运用了多种表演技巧，让演讲更加精彩。其中，他使用的一个重要技巧就是节奏感。

奥巴马善于运用自己的声音，通过声音的起伏和节奏感，来激发听众的情感和热情。他在演讲中，会加强一些重点词语的语气，然后稍做停顿，让听众有时间吸收和反思他所说的话。这种起伏的声音和停顿的节奏感，让听众更加容易理解和接受他的观点，从而增加了对他的信任和支持。

此外，奥巴马还非常擅长使用肢体语言，来增强自己的表达力。他会用手势、面部表情等多种肢体语言，来强调自己的观点和表达情感。这种肢体语言的运用，可以使演讲更加生动有力，同时也能更好地吸引听众的注意力。

总之，奥巴马善于运用多种表演技巧，在演讲中增强自己的表达力和感染力，让他的演讲更加生动、精彩，同时也让听众更加容易理解和接受他的观点。

在日常生活中，我们如何锻炼自己的表演技巧呢？最简单易学的方法就是通过模仿，比如模仿你身边的同事，模仿最近很火的电视剧里的影视人物，甚至模仿动物，这些都可以提升我们对肢体语言的运用，从而起到在演讲中提高表演能力的作用。

增加表达中的幽默感

增加幽默感是表达中的一种技巧，它可以让人感到愉悦、放松、亲近，更易于传达自己的意图，同时也能够吸引听众的注意力和共鸣。要增加幽默感，首先要了解自己的观众，尽可能找到与他们相关的话题，运用夸张、比喻、双关语、幽默故事等手法，将幽默元素融入表达中。在使用幽默时，要注意不要冒犯、伤害到任何人，也要避免使用过度的幽默，让表达过程变得不专业或不严肃。此外，幽默表达还需要灵活运用，要在适当的时候加入，不要过度使用或让幽默成为表达的主旨，否则会适得其反。最后，要注意幽默的效果取决于听众的反应，所以要观察听众的反应，不断调整和改进自己的表达方式。

鲁迅是中国近代著名的文学家和思想家，他的作品批判现实，反映社会问题，有着很高的社会影响力。在演讲中，鲁迅也常常运用幽默感来增加表达的吸引力和趣味性。

有一次，鲁迅在演讲中讲到了一个"葡萄与猴子"的故事。故事中，一只猴子看到一堆葡萄，想要吃到葡萄，但手却够不到，于是便骗自己说："葡萄肯定是酸的，我不要吃了。"这个故事让听众们感到非常有趣，同时也表达了鲁迅对现实中虚伪和自欺欺人的批评。

在另一次演讲中，鲁迅谈到了文学的作用，他说："文学就像眼泪，是一种缓解内心压力的出口。"这句话用了一个很形象的比喻，同时也带有幽默的色彩，让听众们深有感触。

鲁迅的演讲风格非常独特，他运用幽默的手法将深刻的思想表达出来，使得听众们不仅能够深刻领会他的思想，而且感到非常有趣。这也让人们记住了他的演讲，并且对他的思想和观点产生了深刻的印象。

在2018年哈佛大学毕业典礼上，喜剧演员莫莉·肯尼迪（Molly Shannon）发表了一篇主题为"在我失败之后"的演讲。在这篇演讲中，她使用了幽默感来缓解自己和毕业生们的紧张情绪。

莫莉以自己曾经在演艺事业上遭受的挫折为例，与毕业生们分享了自己失败的经历，并鼓励他们不要害怕失败，要勇敢地面对它。她提到了自己在《周六夜现场》（Saturday Night Live）的试镜失败，但最终却成为该节目的演员之一，这引起了听众们的一片欢笑。

莫莉还在演讲中使用了许多幽默的比喻和笑话，如"人生就像滑板，如果你不会滑，那就像被世界扔了一块坚果，砸到了你的脑门上"，"你们现在是在哈佛大学毕业，还没有经历过失败。但是，请相信我，失败很快就会来敲你们的门了，而且它会以

10倍的速度进入你们的生活"。

莫莉使用幽默感在演讲中传递了一个重要的信息：失败并不可怕，我们都会失败，但是失败也是成功的一部分，它会让我们更加坚强和成熟。她的幽默感和轻松的演讲风格赢得了听众们的掌声和笑声，使演讲更加生动有趣，也让人们更容易接受她所传达的信息。

总之，不同的人和场景会有不同的挑战和需求。但无论是什么情况，做一个有趣的人，让别人爱听你讲，都是提升自己表达和沟通能力的核心要素。通过赞美、沟通、演讲，掌握表达技巧和方法，培养幽默感和建立良好的人际关系，才能成为一个更加成功和有影响力的人。

上文中，我们详细探讨了如何做一个有趣的人，让别人爱听你讲。我们了解了赞美、沟通、演讲在表达中的重要性，以及如何运用不同的表演技巧和幽默感来提高自己的表达能力。同时，我们还分析了DISC性格对沟通的影响，学习了如何应对各种情况下学员的痛点。

最后，让我们再次强调一个重要的观点：表达是一门艺术，需要不断地学习和实践，而且需要坚持不懈地练习，才能做到自如地表达，成为一个受人欢迎的人，让别人爱听你讲。

※ 方泽军

掌握不同场景的发言技巧

在日常生活和职场中，我们经常需要在特定的场景中发表讲话，如会议、演讲、庆典等。如何在特定场景下恰当地发表讲话，是一个需要重视的问题。而要达到这一目的，除了需要有一定的演讲技巧和口才之外，选择合适的场景发言公式也是很重要的。

场景发言公式是指在特定场合中应用的特定的发言模式和语言技巧。它可以帮助我们更好地组织语言、传递信息、调动情绪、获得共鸣等。比如在会议上，可以运用"总分总""金字塔"等结构；在演讲中，可以运用"问题—解决方案""故事情节"等方法。场景发言公式不仅能让我们的讲话更有条理、易于理解，而且能够更有效地引起听众的兴趣和共鸣，提升讲话的效果。

接下来，我将为你介绍不同场景中常用的发言公式，并提供具体的应用案例，帮助你更好地掌握这一技能，提高你的演讲和职场表达能力。无论你是在日常工作中还是在公众场合需要发表讲话，这些场景发言公式都能为你提供有力的支持。让我们一起来学习、掌握这些发言技巧，成为一个更加出色的沟通者。

自我介绍

自我介绍是人际交往中非常重要的环节，不论是在社交场合还是在职场环境，都需要进行自我介绍。好的自我介绍不仅可以让他人了解你，还可以给他人留下好印象。在这种情况下，使用场景发言公式可以帮助你更加自信地进行自我介绍。以下是自我介绍的场景发言公式。

1. 开场白：打招呼并介绍自己，例如"大家好，我是某某"。

2. 职业背景：介绍自己的职业背景，例如"我在某某公司担任市场营销经理"。

3. 工作内容：简要介绍自己的工作内容，例如"我主要负责公司产品的推广和销售"。

4. 特长优势：介绍自己的特长和优势，例如"我有很好的团队合作和市场分析能力"。

5.兴趣爱好：介绍自己的兴趣爱好，例如"我喜欢阅读、旅行和摄影"。

6.总结：简要总结一下自己的自我介绍，例如"我是一个热爱工作、喜欢探索和学习的人"。

使用这种场景发言公式，可以帮助你更好地进行自我介绍，让别人更加清楚地了解你的背景和特长，也更容易给别人留下良好的印象。

举个例子：大家好，我是Amy。很荣幸在这里与大家见面。我来自加拿大，在这里工作和生活已经两年了。我在这个行业已经有了七年的工作经验，目前在这里担任项目经理的职务。我喜欢这个行业，因为它需要我们不断地学习和进步，而这也是我最热爱的事情之一。

在工作中，我曾经参与过一些大型的项目，并且出色地完成了它们。在这个过程中，我不仅学会了如何与客户合作，也学会了如何与我的团队协作，让我们一起完成任务并且取得了好的成果。我相信这些经历让我变得更成熟和专业。

业余时间，我喜欢旅游和摄影，我认为这些活动可以让我更好地享受生活，同时也让我更有创造力和灵感。我很高兴能够和大家在这里分享我的故事，也希望在这里能够结交更多志同道合的朋友。非常感谢大家!

故事情节

故事情节场景发言公式是一种有效的表达技巧,可以帮助演讲者更加生动、具体地传达信息。与简单地列举事实不同,讲述一个有趣、引人入胜的故事情节可以吸引听众的注意力,增强他们对信息的记忆和理解,同时也可以在情感上拉近演讲者和听众之间的距离。

在商务场合,演讲者可能需要向客户或领导介绍一个产品、项目或者创意。通过讲述具体的故事情节,演讲者可以让听众更好地了解产品或项目的价值和优势,并对其产生信任和认同感。在教育领域,教师可以通过故事情节来吸引学生的兴趣、激发他们的学习热情,同时也可以更好地让学生理解和记忆知识点。

然而,演讲者在运用故事情节场景发言公式时需要注意,故事情节需要与主题相关,不应该过于离题。另外,演讲者需要注意时间控制,不要讲得太长或太短。最重要的是,演讲者需要通过故事情节来传达主题和信息,而不是仅为了吸引听众的注意力。以下是故事情节的场景发言公式。

1. 开场白:介绍自己和本次分享的主题。

2.故事背景：简要介绍故事情节的时间、地点、人物和起因。

3.故事经过：详细讲述故事情节的经过和发展。

4.故事结局：描述故事情节的结果和启示。

5.总结：简要总结故事情节的教训和价值。

举个例子，当你想要说明一个人的成长经历对我们的影响时，可以用以下方式表达。

1.开场白："大家好，我是某某，今天我想跟大家分享一个故事，这个故事发生在我年轻的时候，它对我影响很大，希望可以给大家带来一些启示。"

2.故事背景："这个故事发生在我上大学的时候，当时，我正在考虑自己的未来，感到十分迷茫和无助。有一天晚上，我遇到了一位老人，他给了我一个启示，改变了我的人生轨迹。"

3.故事经过："那天晚上，我走在路上，正感到十分烦闷和无助时，突然看到一个老人坐在路边，便上前与他打招呼，他问我为什么心情不好，于是，我向他倾诉了自己的烦恼。老人告诉我他曾经也遇到过相似的问题，但他从未放弃自己，并最终实现了自己的梦想。他鼓励我要相信自己，坚持追求自己的梦想。"

4.故事结局："那个晚上，老人的话深深地刻在了我的心里。我决定从此不再放弃自己，努力追求自己的梦想。如今，我已经取得了很大的成就，而且，我相信这都归功于那位老人的启示。"

5. 总结："通过这个故事，我明白了一件事情，那就是我们在生活中遇到的每一个人，每一次经历都会对我们产生影响，关键是我们要用心去感受，懂得从中汲取营养，促使自己不断成长和进步。"

工作汇报

工作汇报场景发言公式的重要性在于其能够帮助人们更清晰、更有条理地表达自己工作的成果和进展情况。在现代职场中，工作汇报是其中一项非常重要的内容，能够直接影响到个人和团队的工作表现和业绩。通过运用合适的场景发言公式，可以让汇报者更加清晰地表达自己的想法和工作成果，帮助听众更好地理解和接受汇报内容。

此外，工作汇报场景发言公式还能够帮助汇报者更加自信地面对汇报，减少因紧张和不自信而出现的表达不清、漏洞百出等情况。通过事先准备和使用场景发言公式，汇报者可以更好地组织自己的思路和语言，使得汇报内容更加精准、有说服力。

总之，使用工作汇报场景发言公式对于提高职场表达能力和工作表现都是非常重要的。工作汇报场景发言公式包括以下几个要素。

1. 介绍自己的职责和工作任务：先简单介绍一下自己的职位和工作任务，让听众对你的工作有一个基本的了解。

2. 引入重点内容：在介绍完基本信息之后，引入本次汇报的重点内容，让听众知道接下来要聆听的是什么。

3. 具体描述工作进展：详细描述工作的进展情况，包括进度、成果和存在的问题等，让听众了解你工作的实际情况。

4. 分析存在问题及解决方案：针对工作中存在的问题，分析原因并提出解决方案，以体现自己分析和解决问题的能力。

5. 总结成果并展望未来：总结本次工作的成果，展望未来并提出工作计划，让听众了解你的工作方向和计划。

下面是一个工作汇报场景发言公式的案例。

各位领导、同事们，我是某某部门的某某，今天我来给大家汇报一下我们部门最近工作的进展及情况。

首先，介绍一下我们部门的职责和任务，我们主要负责某某方面的工作，目前已经完成了某某的任务，并取得了一定的成果。

接下来，我想重点介绍一下我们最近工作的进展及情况。在过去的一个月里，团队成员全力以赴，加班加点，最终完成了某某的任务，并取得了不错的成果。但是在工作过程中，也存在一些问题，如×××，不过我们已经采取了相应的措施，以确保后续工作的顺利进行。

针对存在的问题，我们进行了认真的分析，并提出了×××的解决方案，这些措施已经开始实施，并取得了明显的成效。

总的来说，我们部门的工作取得了不错的成绩，同时也意识到了存在的问题，我们会继续加油努力，以期取得更好的成果。

酒宴祝词

在酒宴中，作为一名祝酒人，发表一番祝词可以拉近人与人之间的关系，增强团结合作的氛围，同时也是一种礼节和传统文化的体现。因此，使用适当的场景发言公式，能够让祝词更具有说服力和感染力，使听众能够更好地接受和理解祝词的内容，同时也能够更好地传递祝福的情感。

在使用酒宴祝词场景发言公式时，需要注意选择合适的词语和表达方式，以及注重祝福对象的身份和场合的氛围，从而让祝词更具有针对性和亲和力。这样，才能让祝词更加真诚、动人、有趣，同时也能够体现发言人的素质和修养，为自己和所在的团队增添光彩。以下是酒宴祝词的场景发言公式。

1. 开场白：感谢主人的款待，热烈欢迎所有的嘉宾。

2. 祝贺：对于庆祝的对象或事情表示祝贺。

3. 表达自己的情感：讲述自己对庆祝对象或事情的感受和想法，以及对参加酒宴的人的赞赏和感激之情。

4. 幽默点缀：可以适当地加入一些幽默的元素，来调节现场气氛。

5. 祝愿和祝福：表达对庆祝对象或事情的祝愿和祝福，希望它们能够获得更大的成功和发展。

6. 结尾：再次感谢主人的款待和所有人的出席，祝愿大家度过一个愉快的夜晚。

酒宴祝词场景发言公式的重要性在于：在一个庆祝的场合，对庆祝对象或事情的祝福和祝愿是必不可少的，适当地加入幽默元素可以增加现场气氛，让人们感到更加轻松和愉快。

同时，通过使用这个场景发言公式，可以让你更好地准备和组织自己的酒宴祝词，让你的话语更加流畅和得体，更能够吸引听众的注意力，并展示自己的个人魅力。比如在婚礼场合的酒宴祝词可以这样说：

尊敬的各位来宾，大家好！

今天，非常荣幸能够在这个美好的时刻和大家一起分享欢乐和美好，同时也非常感谢大家能够前来参加我的婚礼。

在这个特殊的时刻，我想要向在座的各位朋友和亲人致以最深的感谢和最真挚的祝福。感谢你们在我生命中的陪伴和支持，是你们让我在人生的道路上不断前行，不断追求更好的自己。

今天，我要特别感谢我的新娘/新郎，是你让我的生命变得更加完整和美好。我感到非常幸福和满足，能够和你一起分享人生的点滴和美好，一起经历喜怒哀乐，一起走过人生的每一个阶段。

最后，我希望在座的各位朋友和亲人也能够感受到这份幸福和喜悦，希望大家在今后的生活中，都能够找到属于自己的幸福和快乐。祝福大家身体健康，万事如意，幸福美满！谢谢大家！

产品介绍

产品介绍场合发言公式的重要性在于帮助演讲者清晰地、有条理地介绍产品，使听众更容易理解产品的特点和优势。通过使用公式，演讲者可以避免遗漏关键信息或在介绍中产生混乱，同时还能够使演讲更加流畅和自信。

此外，产品介绍场合往往是商业谈判和销售中不可或缺的一环，因此演讲者需要能够清晰明了地阐述产品的特点和优势，以吸引客户并促进销售。通过使用产品介绍场合发言公式，演讲者可以更好地准备和组织自己的演讲，使演讲更加有说服力和吸引力。

最后，产品介绍场合发言公式的使用还可以提高演讲者的专业水平和个人形象。一个清晰、有条理的产品介绍演讲不仅可以展示演讲者的专业知识和技能，还可以体现演讲者的自信和表达能力，从而赢得听众的信任和尊重。

以下是产品介绍场合发言公式。

1. 介绍产品的特点和优点：首先介绍产品的特点，例如产品的尺寸、外观、材料等；其次重点介绍产品的优点，例如产品的性能、功能、使用寿命等。

2. 引入产品的应用场景：介绍产品的应用场景和市场需求，帮助听众更好地理解产品的使用价值。

3. 与竞争产品的比较：介绍产品与竞争产品的不同之处，例如性能更好、价格更优惠、服务更贴心等。通过与竞争产品的比较，凸显自己产品的优势。

4. 阐述产品的未来发展方向：介绍公司未来对产品的发展计划，展示产品未来的发展潜力和市场前景。

5. 结尾：在介绍完产品后，可以用一个简短的结尾来强调产品的价值和重要性，例如"我们的产品不仅满足了客户的需求，还超越了他们的期望"。

在产品介绍场合，发言人需要准备充分并掌握精细化的产品的信息，清晰明了地传达产品的优势、应用场景和未来发展方向。同时，要以客户需求为导向，与客户保持良好的沟通与交流，争取获得客户的认同和支持。

比如在一场产品介绍会上，你可以这样来表达：

尊敬的各位客户，大家好！我是ABC公司的销售代表小李，很高兴今天有机会在这里向大家介绍公司的最新产品——智能手表。

首先，我想和大家分享一下公司的宗旨，我们一直以来的目标就是利用最新的科技，为人们带来更加便利和舒适的生活体验。这款智能手表就是我们最新的成果。

这款智能手表采用了最新的智能芯片，可以连接手机，支持多种App，还可以实现很多智能功能，比如通话、短信、定位、健康监测等。同时，这款手表还支持语音助手，你可以通过语音来控制各种操作，非常方便。

除此之外，这款手表还非常时尚，采用了时尚简约的设计，符合现代人的审美，非常适合在各种场合的配戴。

最后，我向大家保证，我们的产品质量是一流的，一直以来公司都把品质放在第一位，因为我们深知，只有优质的产品才能赢得客户的信赖和支持。如果你购买了公司的产品，我们将提供最优质的售后服务，让你无后顾之忧。

感谢大家的耐心聆听，如果你对我们的产品有兴趣，欢迎咨询我们的销售人员。

主持开场

主持开场场景发言公式在各种公共场合都有广泛的应用，比如会议、演讲、晚会等。一个好的主持人能够在开场时给到听众一个良好的印象，为接下来的活动铺平道路。使用公式化的场景发言公式能够提高主持人的开场表现，使其更加自信、清晰和生动。

首先，主持人的开场发言是整个活动的引导者，它应该包含一些基本元素，如问候、介绍、背景、目的等。如果这些元素不清晰、不恰当或者不充分，将会影响听众对活动的理解和接受程度。

其次，主持人的开场发言还应该具备吸引力和创造力，以引起听众的兴趣和注意力。通过巧妙运用语言和表情，主持人可以引导听众进入活动的氛围，让他们感到轻松愉快。

最后，主持人的开场发言还应该具有适当的幽默感，以便缓解紧张情绪，为听众带来一些轻松愉快的氛围。而且，在一些庄重严肃的场合，适当的幽默感也能够使听众更容易接受和理解主持人所要表达的意思。

因此，使用公式化的主持开场场景发言，能够帮助主持人在开场时更加自信、清晰、生动和吸引人，给听众留下良好的第一印象，为整个活动的成功打下基础。

比如，我们可以这样来开场：

尊敬的各位领导、嘉宾、来宾、朋友们，大家好！

很荣幸今天能够担任本次活动的主持人。在这里，我代表主办方向大家致以最热烈的欢迎和最诚挚的谢意。

今天的活动旨在……（简要介绍本次活动的主题和目的）。在接下来的时间里，我们将会有精彩的演讲、表演和互动环节，相信会让大家收获满满。

接下来，我要介绍一下今天的嘉宾（或参与者）们，他们是……（简要介绍嘉宾或参与者的背景和身份）。

最后，我再次感谢大家的到来，祝本次活动圆满成功！让我们共同期待今天的精彩表演吧！

谢谢大家！

问题—解决方案

"问题—解决方案"场景发言公式的重要性在于，它可以帮助发言者清晰地表达问题，并提供具体可行的解决方案，这对于在工作和生活中遇到问题时，能够有效地解决问题起到了重要的作用。此外，这种场景发言公式还可以帮助发言者建立专业、有说服力的形象，让听众对其能力和专业性有更深刻的印象。

使用"问题—解决方案"场景发言公式，发言者首先需要明确要解决的问题，并将其简单明了地表达出来。其次，需要提供具体可行的解决方案，并进行阐述和解释，让听众明白方案的可行性和优势。最后，需要总结一下解决方案的优点和对解决问题的帮助，并为听众留下联系方式，以便他们有需要时，能够进一步咨询和沟通。

这种场景发言公式适用于各种场合，如商务谈判、项目汇报、问题解决等。它可以让发言者更好地展示自己的专业性和解决问题的能力，提高自己在职场中的竞争力。以下是一个简单的"问题—解决方案"场景发言公式。

1. 提出问题：首先，明确要解决的问题或挑战。例如，"我们公司的销售额下滑了，我们需要找到解决办法"。

2. 解释问题的原因：解释导致问题发生的原因。例如，"我们的销售团队需要了解客户需求，以便更好地满足他们"。

3. 提出解决方案：提出可行的解决方案，并且这些方案必须能够解决问题并符合现实可行性。例如，"我们可以提供更好的客户服务，并建立更紧密的客户关系，以便更好地理解客户需求"。

4. 说明解决方案的好处：解释解决方案的好处以及为什么它们是可行的。例如，"这将帮助我们更好地了解我们的客户，提高客户满意度，并增加销售额"。

5. 总结：重申解决方案并鼓励听众参与。例如，"我们有了这些解决方案，就可以共同解决这个问题。请听众提供任何其他想法或建议"。

"问题—解决方案"场景发言公式的重要性在于它能够让听众更好地了解当前的问题，并提供可行的解决方案。此外，它还可以促进讨论和互动，使听众能够更积极地参与并提出其他建议。

总分总

"总分总"场景发言公式是一种常见的演讲和发言结构，也被称为"开头—中间—结尾"结构。这种结构的目的是使听众更好地理解和记住演讲内容。具体而言，这种结构包括三个部分：开头、中间和结尾。

开头部分：开头是整个演讲或发言的关键部分，可以用来吸引听众的注意力和兴趣。开头部分可以使用一些引人注目的事实或故事引出演讲的主题。

中间部分：中间部分是演讲或发言的主体部分，它包含一系列支持性论据或事实来支持演讲主题。这个部分，演讲者可以具体地解释问题并提供解决方案。

结尾部分：结尾部分是演讲或发言的总结部分，可以用来重申演讲的主题并提出演讲的结论。在这个部分，演讲者可以回顾中间部分的要点并再次提及主题，以及提出下一步的行动建议。

综上所述，使用"总分总"场景发言公式可以让演讲内容更加有条理，听众更容易理解和记住。同时，这种结构也可以帮助演讲者更好地组织自己的思路，确保演讲内容具有逻辑性和连贯性。

例如，苹果公司前 CEO 史蒂夫·乔布斯在 2005 年斯坦福大学毕业典礼上的演讲，首先总结了自己的人生经历，其次提到了自己曾经在苹果公司遭受的失败和被开除的经历，最后提出了自己对未来的展望并鼓励毕业生要有追求梦想的勇气。

他演讲的开头是一个总述，讲述了他对自己人生经历的总结。接下来他将演讲分为三个部分，每个部分都涉及他的人生经历，每个部分的结尾，他都会总结一下自己的想法和感悟，并形成一个小的总结。演讲的结尾，他再次总结了自己的主要观点，鼓励毕业生要追求自己的梦想。

这个演讲的成功之处在于，它用一个简单而清晰的结构为听众提供了一个易于理解和记忆的框架，同时又展示了史蒂夫·乔布斯坚韧不拔的精神和追求卓越的价值观。

金字塔

金字塔场景发言公式是一种常用的演讲结构，可以帮助演讲者有条理地呈现内容，让听众更容易理解和接受。其结构由大到小逐层展开，从总体到细节，从概括到具体，从主要到次要，最后呈现出一个完整的思路和论点。其具体结构如下。

1. 总体介绍：引入演讲的主题，提出问题或论点。

2. 主要论点：列举主要的几个论点或观点，每个论点可展开成一个小段落，从概括到具体，从主要到次要。

3. 证明论点：针对每个主要论点进行详细阐述，列出支持该论点的证据或事例。

4. 结论总结：回到总体介绍的问题或论点上，重申观点并得出结论。

以下是一个使用金字塔场景发言公式的演讲案例的结构。其主题为如何提高学生的阅读兴趣。

1. 总体介绍：介绍当前学生阅读兴趣不高的情况，提出解决方案的主要观点。

2. 主要论点：①培养良好的阅读习惯，包括建立阅读计划、阅读目标等；②提供有趣的阅读材料，包括名人传记、科普读物等；③利用互联网资源，推荐优秀的阅读网站、阅读软件等。

3. 证明论点：①培养良好的阅读习惯，引用相关研究，列举成功案例；②提供有趣的阅读材料，介绍几个受欢迎的阅读材料，分享学生反馈；③利用互联网资源，介绍几个优秀的阅读网站、阅读软件，讲解如何使用。

4. 结论总结：回顾主要观点和证据，强调提高学生阅读兴趣的重要性，呼吁大家共同努力。

通过这样的结构，演讲者可以将自己的思路清晰地展现给听众，使听众更容易理解和接受演讲的内容。其案例如下。

有一位使用经典的"金字塔"演讲技巧的演讲家是马丁·路德·金。1963年8月28日，他在华盛顿特区的林肯纪念堂前发表了著名的"I Have a Dream"演讲。该次演讲中，马丁·路德·金使用了多种演讲技巧，其中就包括了"金字塔"演讲技巧。

他的演讲以一种简洁而强大的方式组织，先是引起听众的兴趣，然后慢慢地向核心信息过渡，最终以强有力的结论而结束。演讲的开始，他以一句简短的话引起了听众的注意："我今天来到这里讲梦想。"然后，他通过描述黑人社区的困境和不公正，慢慢引出了演讲的核心内容。演讲的高潮部分，他讲述了自己的梦想，提出了一个令人难忘的形象，他梦想："有一天，这个国家会站起来，实现它所说的'我们认为这些真理不言自明，人人生而平等'。"演讲的结尾，他再次强调了自己的梦想，呼吁听众参与到实现这个梦想的行列。

这种"金字塔"演讲技巧使得马丁·路德·金的演讲结构紧凑而有力，吸引和保持了听众的注意力，并清晰地传达了他的核心信息和观点。

提建议

提建议场景发言公式的重要性在于，它可以帮助我们清晰地陈述自己的观点并提出具有建设性的建议，让听众更容易理解和接受。这种发言方式不仅可以在工作中提高我们的领导力和解决问题的能力，还可以在个人生活中帮助我们更好地与他人沟通和交流，并达成共识。

使用这种公式，我们需要先对问题或情况进行深入的分析和思考，找出其本质和根本的原因，然后提出具有可行性的解决方案，并以实际的建议来加以支持和说明。这样，我们的发言才能更加有说服力和可操作性，让听众愿意接受并采纳我们的建议。

此外，提建议场景发言公式还能帮助我们在团队中更好地发挥自己的作用，通过提出具体、实用的建议，为团队解决问题和推进工作提供支持和帮助。这也是提高我们职业素养和工作能力的重要一步。提建议场景发言公式可以采用以下三个步骤。

1. 引入问题：首先要提出问题，引起听众的共鸣，使他们能够认识到问题的重要性。这里可以用事实、数据、个人故事等方式来引入问题。

2. 提出建议：在引入问题之后，要针对问题提出建议，这里需要清晰、简明地陈述建议，避免使用太多的专业术语或太复杂的句子，以便听众能够理解。

3. 给出具体行动：最后，要告诉听众该如何实施建议，包括提供具体的行动步骤和资源，以帮助他们将建议付诸实践。

使用这个场景发言公式可以帮助发言者更好地向听众传达自己的观点和建议，同时提高听众的参与度和效果。

举个例子，假设你是一位环保倡导者，你可以这样发言。

1.引入问题：地球正面临严重的环境问题，比如空气污染、气候变化和垃圾问题等。

2.提出建议：我们需要采取行动以保护我们的地球。例如，我们可以选择减少开车，使用更环保的能源，减少一次性塑料制品的使用等。

3.给出具体行动：如果你想更深入地了解环保问题并采取行动，请参加我们的社区环保活动，或参观我们的网站，了解更多有关环保的信息。

这个例子清晰地展示了"问题—建议—行动"的结构，同时还提供了一些具体的行动步骤，使听众更容易采取行动以保护地球。

心得感言

心得感言公式的重要性在于其可以帮助演讲者把自己的体验、感受、心得结构化地呈现出来，使听众可以更加清晰地了解演讲者的经历和感悟。这种公式化的结构也有助于演讲者准确地表达自己的思想和感情，避免在演讲中迷失方向或者跑题。

通过运用心得感言公式，演讲者可以更加自信地在公共场合进行演讲，更加清晰地传达自己的意思，使听众更容易接受和理解演讲的内容。同时，这种公式化的结构也能够让演讲者在表达自己的心得体会时更具有说服力，使得演讲更加生动、有趣、易于接受。心得感言场景发言公式可以参考以下几个步骤。

1. 介绍背景和目的：首先，简要介绍参加活动或者项目的背景和目的，让听众对整个话题有一个初步的了解。

2. 阐述经历和心得：其次，描述自己在这个活动或项目中的经历，以及从中得到的收获和心得。可以通过举例、分享感受等方式来生动具体地表达自己的思考和体验。

3. 总结收获和启示：在讲述完自己的经历和心得之后，总结一下自己的收获和启示，让听众可以更清晰地了解自己的观点和想法。

4. 提出建议或展望未来：最后，可以提出一些具体的建议或者展望未来，让听众感受到自己的思考和行动，并且启发听众思考更深层次的问题。

举个例子。

尊敬的各位领导、同事：

今天，我很荣幸有机会分享我的心得感言。这次工作经历让我深刻认识到了工作的重要性，也让我有了更多的收获和成长。

　　首先，我要感谢我的领导和同事，他们在工作中给了我很多的帮助和支持。在这个团队中，我学会了如何更好地沟通和协作，也学会了如何更加高效地完成工作。尤其是在遇到困难和挑战时，我的同事们总是能够给我鼓励和支持，这让我更有信心克服困难，做出更好的成绩。

　　其次，我认为在工作中，不断地学习和思考也是非常重要的。在这次工作中，我通过学习和思考掌握了更多的工作技能和经验。同时，也发现了一些问题和不足，比如需要更好地规划和管理时间，需要更好地与团队沟通合作等。这些问题让我认识到自己还有很多需要提高的地方，促使我更加努力地学习和工作。

　　最后，我想说的是，在未来的工作中，我会继续努力学习和提高自己的能力，不断地探索和创新，为公司的发展和进步做出更多的贡献。

　　谢谢大家！

　　今天的社交网络时代，场景发言技巧已经成为一项必不可少的社交技能。无论是在工作场合，还是在日常生活中，我们都需要通过表达自己的想法、感受、建议等来与他人进行有效的沟通。因此，学会使用场景发言公式能够帮助我们更好地组织语言，准确地表达自己的意思，以增加沟通的效率和质量。

本节介绍了常用的场景发言公式，包括自我介绍、故事情节、工作汇报、酒宴祝词、产品介绍、主持开场、问题解决方案、心得感言等。每种场景发言公式都有其特定的结构和表达方式，使用它们可以更快、更准确地表达自己的意思。此外，本节还介绍了每种场景发言公式的重要性和示范案例，以帮助读者更好地掌握场景发言的技巧。

通过学习和掌握这些场景发言公式，我们可以在不同场合更自信、更流畅地表达自己的观点和想法，提高沟通的质量和效率。但是，需要注意的是，场景发言公式只是一个表达工具，我们还需要结合自己的个性、情境和受众特点灵活应用，进而创造出更加生动、有趣、吸引人的表达方式。

最后，想要成为一位优秀的沟通者，除了需要掌握场景发言技巧，还要不断地练习和实践。相信随着时间和经验的积累，每个人都能够成为一位自信、有魅力、善于沟通的人，用自己的语言展示自己的魅力，创造属于自己的辉煌。

※ 梁宋国

让发言逻辑更清晰

每年的 2 月 14 日或者农历七月初七，都是一个浪漫的日子。这一天我们会看到很多对幸福恋人。男主角会向女主角表达爱意、求婚。一番真挚的表达，真情实感的流露，会让女孩感动。

说来也巧。就在 2023 年的 2 月 14 日，我的好兄弟给我发了一条信息，说他非常痛苦，我很关切地问他怎么了。他说，他充满热情地向女友表达爱意的时候，可是不知怎么，女友却拒绝了他，女友的回复就是——他太不会说话了。我问他说了什么？好友非常无奈地跟我讲，我什么也没说出来，话到嘴边，我全部咽了回去。我的天哪，在这种浪漫的场合，需要发自肺腑地表达一番真情实感，你却哑口无言？我当时就问他，我说你准备过吗？他说他准备得非常好。想好了要说什么，要说多久，可是话到嘴边却咽回去了。因为这一次的不会表达，女友在当天并没有答应他的求婚，因为不会表达，所以导致失败，这多么可惜呀。在我们的生活当中，也许会有很多类似的情况。话到嘴边却无从出口，不知道怎么了。其实每一个人都是有思想的，从这么多年的教学经验来讲，存在两种可能：第一，也许脑海准备得很充分，可是因为心态紧绷，不放松，所以导致这个嘴巴，迟迟撬不开；第二，可能就是本身的逻辑思维能力太差了，脑海有千言万语，可是凌乱得很，不知从哪里说起。对于这样的情况，我特别想与大家聊一聊如何说话有条不紊、慢条斯理，有逻辑并清晰地表达内心的想法。

我小的时候，语文老师告诉我，如何把一个故事完美地呈现出来，需要学会一个公式，叫作五何公式。这个五何公式很简单，就是一个事件发生的时间、地点、人物、事件、原因，最后可以加一个提炼或总结，就是何时、何地、何人、何事、何故。我们看电视的时候，你会发现新闻记者其实经常使用这个公式，他们会在最短的时间内说出很高效的信息内容，让观众很全面地知道发生了什么事情。关于五何公式，我很想说，对于听众来说太重要了，对于表达者来说，信息表达的准确性太重要了。

五何公式很简单，何时就是时间，我们尽可能把时间讲得再具体一些，比如现在是2023年2月14日下午2点，这样的具体化时间会让听众觉得非常清晰，尤其是听广播的人，他会发现这个日子能够让他印象深刻。

第二个是何地，关于地点，一定要从大往小依次讲出来，为什么呢？尤其对司机来说，如果他在听广播，广播里面的播音员说市区有交通事故，请绕道而行，或者说这个大范围有交通事故，请绕道而行，这样司机都比较慌乱了，我们如果替听众着想，就要说清楚事故发生在哪条主路，哪条辅路，哪个街道。这样，对于司机而言，绕路而行更利于驾驶，不会造成堵车。

还有就是我们的人物和事件，何人何事？在表达人物和事件的时候，可以进行细节的描述和刻画。关于细节，我们可以从人物的神情，衣服的颜色，以及整个画面所产生的一些手势动作或者周遭的情况去描述。为什么要做细节描述呢？因为这样做会让听众印象更为深刻。

一件事情的发生一定是有原因的，这叫何故。关于这个原因，为什么放到最后一个步骤呢？因为在讲故事时，很需要给观众留下四个字，叫设置悬念，即整个事件的脉络，到了最后一个步骤，观众却还不知道原因，你就会发现环环相扣，紧扣心弦，而扣人心弦的讲话，观众是会被带动的。

最后就是提炼，总结，升华，其实前面五个步骤的讲解和描述，如果能够在最后一个步骤有一个画龙点睛之笔，你会发现整个事件，整个故事会因此而得到升华。

这五个部分我们可以举个例子。比如第一步何时，现在是

2023 年 2 月 14 日下午 2 点，把这个时间如此郑重地说出来，代表了你对这一天的重视，让对方听到这个时间，会终生难忘。

第二个步骤是何地，假如我现在所处的位置是湖南省长沙市芙蓉广场。这个地方也许可以再具体一点，你会发现特别有纪念意义，会让对方觉得这是我们见证爱情的地方。

然后就可以讲一讲人物和事件。假如，今天有一位斗志昂扬的男主角正在向一位女主角求婚，男主角单膝跪地，手捧着鲜花，表达着心中的爱意，"一路走来，我们两个人相互扶持，从相处，相知，到相爱；我决定牵着你的手走向婚姻殿堂，给你一个踏实安稳的家"。

此时的男主角非常激动，热泪盈眶……稍微简单描述一下人物，使听众能够看到一幅简单的画面。你就会发现，你能够替观众把整个流程梳理下来，如果讲话者在思维上表现好，给人留下的印象会更为深刻。

最后是何故，何故就是原因了，刚刚那个画面，为什么男主角单膝跪地向女主角去表达爱意呢？因为他们修成正果，男主角今天终于鼓足了勇气。于是决定在这个值得纪念的时间，表达自己内心的那份真情。

通过这个小故事，我也想说有情人终成眷属！我们的讲话要更加清晰和准确，其实在字数上也是有一定要求的，我觉得要在最短的时间内输出最全面、最高效的信息，就不能有太多废话。抓住重点非常重要，那么如何能够抓住重点呢？就是少解释，少议论，多做流程管理。如果不解释，我们会怕对方听不懂，其实关于解释的语言可以放到聊天的最后进行处理，而最开始的表达就是要学会把高效的信息直观地传递出去。如果一开始就非常想解释，就会显得很啰唆，很冗长，也会让观众失去耐心。

当然，这都是建立在有时间要求的前提，如果没有时间要求，那我们就可以在五个步骤当中，把你认为重要的步骤进行更进一步的细节刻画。

在我们的教学实践中，对每一个来学习当众讲话的人、想让逻辑更加清晰的人，我们都是有时间限制的。比如，我们会让学员以一个记者的身份来报道一个新闻事件，那么此时此刻，我们对这位学员的表述时间要求是一分钟左右。

我记得在教室教学的时候，学员们听到一分钟要表达一件事情，还要表达清晰，都感到担心。但是事情的结果，总是让人感到意外，我们的学员经过学习和训练，真的可以在一分钟以内完整地表达出他所需要表达的信息，很多时候是因为我们脑海当中有太多额外的想法，生怕对方听不懂，所以需要一再解释，而这样的想法和担忧往往会导致我们讲话并不怎么高效，逻辑反而会更加混乱。

如果没有时间限制的要求,那我们就可以在人物和事件那一块进行详细的讲解,会更加的清晰可见,但是整个框架和流程还是要完整的,因为从结构的角度来分析,这五个步骤是让我们自己讲话,有头有尾,也让观众听得更加完整。

我们的学员在教室学完五何之后,回到单位开早会的时候,他觉得:天哪!我发现今天的早会开得太成功,太高效了!每个人在表达的时候都是如此高效、简洁,并且逻辑清晰。他把这样的方法,这样的理论传递到工作当中,整个工作效率都提高了!

其实讲话并不难,只要掌握了科学的流程管理自己的讲话,你会发现也能够达到你要的效果,甚至会更为显著和突出。我真希望我的好友也能够来到我的课堂,能够去学习讲话的逻辑和条理,把内心混乱的语言和思想经过编排和组织,清晰地传递出来。

我在上海讲课的时候,遇到了一个性格非常活跃的小女孩,她在舞台上的表现,真的非常吸引大家的眼球,非常地爱笑,像个娱乐主播一样,很会制造氛围,可是她有一个烦恼。因为性格好,人缘好,工作效率也很好,她升职、加薪并走向了管理之路,但给团队开会的时候,她只会进行情绪的感染和输出,没有办法做到把一件事情进行非常理性地讲解。她的员工听不懂,也不敢揣测她内心真正的想法,而她也很难把自己内心真正的想法,通过合理的方法表达出来。她非常苦恼，来到了我们的课堂。最开始，她学习五何公式的时候感到非常痛苦，她就问我，这么多好的想法，非要按这个流程去讲，会很枯燥。

其实这个女孩是对的，她这么多年的习惯已经养成，靠感受，靠兴趣，进行沟通和表达也没有错，只是对于观众而言，对于一个管理者而言，我们需要对自己更加有要求，提高自身标准。先要有理性，有流程，有结构地去表达一件事情，才能提高我们的工作效率。经过学习之后，她走到工作岗位当中，同事们就问她，今天开会怎么那么直观呢？要是以前，这个小女孩会先把内心的一堆情绪、一堆想法进行输出，而今天她居然就事论事，非常高效地解决了工作的问题，然后再去表达心情和感受。她有了这样的进步，感到非常开心，慢慢爱上了当众讲话，特别喜欢过来上课分享她的学习历程。

五何公式如果学得透彻，理解到位，还可以提高即兴能力，很多人在会议场合可能没有提前安排讲话，可突然之间就被邀请登上讲台参与发言，大脑会一片空白，而逻辑公式是最好的救场。也许在年会上有颁奖典礼，你都不会想到你会获奖，但是偏偏获奖了，需要登台发表获奖感言的时候会显得手足无措，而此时此刻，五何公式，有逻辑地表达是你的大救星！

大多数人临时情况下，可能会出现一些大脑慌乱，导致言语不清晰，而此时此刻你能通过时间、地点、人物、事件，进行一步一步的传递和讲解，会让观众非常清晰。我曾经看过一个非常让我着急的电视画面，有一位老太太家里着火了。她非常慌张地打电话求助，对方问她哪里着火了，她只会说我家里着火了，对方问她家住哪里，她只会说，我家住二楼，她无法理性地去回答对方的提问。

这可能会导致消防队员很难准确地了解对方所处的位置而耽误救援。所以在慌乱情绪之下，你还能清晰、有逻辑地表达，真的是能够拯救自己的呀！消防队员如果问她在哪里，她能够清晰地表达：某条路，某个小区，几楼几零几，那就非常快速高效了。所以学习逻辑，学习理性地讲话，学习有框架、有结构地讲话，对于我们非常重要。

我们每个人都有思想，但是我们不能让思想只停留在内心或脑海，一定要通过表达让对方感受到。希望你的语言，通过五何公式，能够像刻在石壁上的字一样，清晰而有力，令人印象深刻。

※ 杨 哲

如何萃取自己的发言内容

在演讲中，内容为王，一个好的内容对于演讲的成功起着至关重要的作用。无论是在学术界、商业领域还是公众演讲，内容的质量直接决定着演讲的效果和影响力。

首先，一个好的内容能够有效地传递信息。演讲的核心目标之一是向听众传达特定的信息或观点。好的内容应该具有清晰度和准确性，以确保信息能够被听众理解和接受。通过组织和结构化信息，演讲者能够确保观点的连贯性和逻辑性，从而使听众能够轻松地跟随和理解演讲的主旨。

其次，好的内容能够建立演讲者在听众心目中的信任和权威。演讲者的知识水平和专业性是被听众所评估和认可的重要因素之一。一个好的内容应该反映出演讲者在特定领域的深度和广度。通过提供有价值的信息和见解，演讲者能够展示自己的专业知识，并在听众中建立信任和权威。这种信任和权威将使演讲者更容易获得听众的支持和认可。

另外，好的内容有助于保持听众的兴趣和参与度。当今信息爆炸的时代，人们的注意力很容易分散。因此，演讲者需要通过精心策划的内容来吸引和保持听众的兴趣。好的内容应该具有吸引力和新颖性，能够引起听众的共鸣和注意。

最后，一个好的内容具有影响力和说服力，能够激发听众的情感和行动。演讲的目的之一是影响和启发听众。通过使用有力的语言和表达方式，演讲者能够引起听众的情感共鸣，并激发他们的行动。好的内容应该能够触动听众的内心，引起共鸣，并激发他们对演讲主题的兴趣和关注。

总结而言，一个好的内容对于演讲的成功至关重要。它能够传递信息、建立信任和权威、保持听众的兴趣以及具有影响力和说服力。演讲者应该在准备演讲时花费充分的时间和精力研究和策划内容，以确保演讲的效果最大化。只有通过提供高质量的内容，演讲者才能够实现他们的目标并与听众建立深厚的情感连接。

不过，大多数的人在做发言的内容准备时，通常会遇到以下几个问题：

1.想讲得很好，但就是不知道讲什么，总觉得没内容可讲。

曾经在授课中遇到一个学员，她是一家制造型企业的创始人，白手起家打拼，从刚开始的一无所有，到现在公司每年的销售额接近2个亿，这是她每每提及都引以为傲的事情。

可是在公司逐步发展壮大的过程中，越来越需要她能站在大型的舞台上，公司内部的会议中发言致辞。

可是每次发言都是她最头疼的事，因为实在是不知道讲什么，于是她就让自己的副总去讲，大会小会能逃就逃，使自己在员工心里的地位越来越低，在行业里的影响力也越来越弱……

2. 想讲得很多，但不知道怎么挑选合适的内容以吸引观众。

有一位学员曾经跟我讲过这样的经历，有一次他去参加一个学术研讨会，会上，他被邀请作为主讲人发表关于人工智能与医疗的演讲。走上讲台，面对专业领域的同行和对人工智能在医疗领域感兴趣的观众，他带着自信的微笑开始了自己的演讲，一开始，小李讲述了人工智能在医疗领域的基本概念和应用。然而，随后他开始大量介绍各种相关技术和算法，从机器学习到深度学习，从图像识别到自然语言处理。

观众开始感到困惑，有人默默地翻阅着手中的资料，有人开始低声交头接耳。他也察觉到了观众的反应，试图通过提供更多的案例和研究成果来强化他的观点，但这反而让演讲内容变得更加零散。观众的关注度逐渐降低，有些人甚至打起了瞌睡。

最后，他试图进行总结并回归主题，但时间已经不够了。他只能匆忙地结束了演讲,面对着冷淡的掌声和失望的目光……

3.想讲得很精,但思维逻辑一片混乱,只能想到哪儿讲到哪儿。

我有个学员是一名销售经理,曾经被邀请在一次销售团队会议上发表演讲,他事先没有准备好演讲稿,因为对自己的销售技巧非常熟悉,所以决定在会议上即兴发言。

然而,当他站在讲台上时,思绪就开始混乱,讲话内容开始东拉西扯,一会儿讲跟客户的故事,一会儿讲到哪家店的饭菜好吃,最后结束的时候,自己都恨不得找个地缝钻进去……

以上三个问题确实是非常普遍的情况。所以,这个时候,学会如何萃取自己的发言内容就显得至关重要了。

萃取发言内容的本质就是从大量信息或材料中找到可以讲的内容,再从众多可以讲的内容里筛选出最具价值和相关性的内容,最后将其设计成最能表达意图,达成表达目标,并建立影响力的内容的过程。这里需要三个能力:找、选、设。

那么,如何从海量的信息里找到自己可以讲的内容呢?

1.确定你的专业知识和兴趣领域:选择你在某个领域拥有深入知识或经验的内容作为演讲的主题。这将使你能够充分展示自己的专业素养,并且对于你来说,这也更容易做到自信和流利的表达。

2.定义你的目标听众:明确你的目标听众是谁,了解他们的兴趣、需求和期望。这将帮助你确定演讲内容，使其更具针对性和相关性。

3. 思考独特的经历或观点：回顾自己的经历，寻找其中与众不同的经历或观点，这将使你的演讲内容更加独特和吸引人。同时，可以思考一些挑战、成功故事、教训或者是你在某个领域的独到见解。

4. 研究和阅读：进行广泛的研究和阅读，探索当前热门话题、行业趋势和最新的研究成果。这将帮助你发现新的观点和见解，为你的演讲内容提供新鲜和有影响力的素材。

5. 与他人交流和倾听：与他人交流，倾听他们的观点和经验。这不仅可以帮助你拓宽思路，还可以从他人的故事和见解中获得灵感，为你的演讲内容提供更多的维度和内容。

6. 进行头脑风暴：进行头脑风暴，记录下所有可能的演讲主题和子主题。然后，评估它们的可行性和吸引力，选择最适合你的主题进行深入探究。

最重要的是，选择一个你熟悉且感兴趣的话题，这样你在演讲时会更加自信和有激情。记得要根据你的目标听众对内容进行调整和设定，确保你的演讲内容能够与他们建立联系并满足他们的需求。

第一步找内容完成后，我们会得到非常多的信息和素材，那么如何从众多的素材中挑选最适合演讲的内容呢？选择最适合演讲的内容是一个关键的决策过程。以下是详细的步骤和实例以帮助你做出选择。

1. 确定演讲目标：首先，明确你的演讲目标是什么。例如，如果你的目标是教育听众，那么你需要选择能够提供有用知识和信息的素材。如果你的目标是娱乐听众，那么你可以选择有趣、幽默或引人入胜的素材。例如：你是一位健身教练，你的演讲目标是教育听众关于健康生活方式的重要性。你可以选择介绍有关饮食、锻炼和心理健康的素材，以帮助听众了解如何实现身心健康。

2. 研究目标听众：了解你的目标听众的兴趣、需求和背景是至关重要的。这样可以确保你选择的素材与他们相关，并能引起他们的兴趣和共鸣。例如：你要向一群大学生演讲，他们对健康和健身感兴趣。在研究中，你发现他们关注健身饮食、减肥和压力管理。因此，你可以选择有关这些方面的素材，以满足他们的需求和期望。

3. 突出主题和核心信息：确定你的演讲主题和核心信息，并将注意力集中在这些要点。这有助于确保演讲内容的连贯性和一致性。例如：你的演讲主题是"健康饮食的重要性"。你的核心信息可以包括饮食平衡、营养需求和食物选择。你需要选择与这些核心信息相关的素材，如研究数据、成功案例或专家观点。

4.评估素材的可靠性和准确性：在选择素材之前，要确保它们来源的可靠性，并确定其是准确的信息。还需要进行必要的事实核实和验证，以避免在演讲中传递错误的或未经证实的信息。例如：当你在寻找健康饮食的素材时，要确保参考来自可信赖的营养学专家、权威机构或是经过同行评审的研究结果。这样你就可以提供准确和可靠的信息给听众。

5.包含多样性的素材：为了增加演讲的多样性和吸引力，选择不同类型的素材。这包括实例、案例、数据、统计数字、个人故事等。例如：在健康饮食演讲中，你可以选择引用科学研究中的数据来支持你的观点。同时，你也可以分享个人的成功故事，讲述自己在改变饮食习惯方面的经历和成果。

6.选择与自身能力和兴趣相关的素材：考虑到自己的知识、经验和兴趣领域，选择那些你最擅长和最有热情讲述的素材，这样你可以更自信、流利地表达，并引起听众的共鸣。例如：作为一位健身教练，你可以选择与自己专业知识相关的素材，如最新的健身趋势、训练技巧或健身误区。这样你可以在演讲中展示自己的专业素养，并与听众分享有价值的信息。

通过以上步骤，你可以更有针对性地选择最适合演讲的素材，使你的演讲内容更具吸引力、相关性和影响力。记住要根据演讲的时间限制和主题的重要性进行权衡，确保选择那些能够最好地支持你的演讲目标的素材。

当我们选择好内容和素材之后，就到了最后一步，如何将这些内容设计成有吸引力、有影响力、有说服力的内容呢？

1. 调研和观察：假设你要向一家科技公司的员工进行演讲。在调研中，你发现这家公司的员工群体主要是年轻的技术专业人士，对最新的科技趋势和创新非常感兴趣。他们经常参加技术研讨会和行业活动，喜欢探索新的科技产品和解决方案。不符合听众需要的演讲，无论内容多么精彩，都称不上是好的演讲，所以，我们第一步是要先调研我们的听众。

2. 目标群体分析：比如你要向一群大学生做演讲，他们的特点是多样的，包括不同的专业背景、年龄和兴趣爱好。这意味着你需要根据他们的多样性来设计内容，以便能够吸引不同背景的听众。

3. 倾听和沟通：在演讲结束后，你可以与听众进行互动，提供反馈调查表或开放式的讨论，以了解他们对演讲的观点、喜好和建议。你可能会发现，有些听众更关心实际案例和应用，而另一些听众则对理论和概念更感兴趣。

4. 社交媒体分析：通过分析你的目标观众在社交媒体上的活动，你可能发现他们经常讨论的话题、参与的群组和关注的领域。举个例子，如果你的目标观众是健身爱好者，他们可能会在社交媒体上关注健身教练、健身设备和健身食谱。

5. 与相关专业人士交流：与行业专家交流，可以获得他们对目标观众的见解和建议。例如，如果你要向创业者做演讲，就可以与成功的企业家交流，了解他们在创业过程中的挑战和心得，以及他们认为对创业者最有价值的信息。

6. 分析先前演讲的反馈：通过评估过去演讲的反馈和评价，你可以了解哪些演讲内容能够引起观众的兴趣和共鸣，以及哪些方面需要改进。例如，如果你曾经做过一次关于环境保护的演讲，观众可能特别喜欢你分享的个人环保经历和具体行动的实例。

记住，每个观众群体都有其独特的特点和需求，因此需要灵活地根据情况调整和设定演讲内容。了解我们的观众之后，紧接着要真正开始设计内容了，设计内容的过程中，可以把内容分为：开头、中间和结尾三个部分。

1. 开头。

①引用名人或权威观点：使用一个引人注目的名人名言或权威观点作为开场白，以吸引听众的注意力。例如，如果你的演讲主题是领导力，你可以引用史蒂夫·乔布斯的名言："创新区别于其他人的关键就是勇气，勇气是追随内心的指引和直觉。"

②提出引人入胜的问题：用一个引人入胜的问题作为开头，激发听众的思考和兴趣。例如，如果你的演讲主题是环境保护，

你可以问："我们每个人都有责任保护地球，但你知道全球每天有多少塑料袋被使用和丢弃吗？"

③讲述生动的故事：通过讲述一个生动的故事来吸引听众的关注并与他们产生共鸣。例如，如果你的演讲主题是坚持不懈，你可以分享一个关于一个冒险家克服困难并最终达到目标的故事。

2. 中间。

①分段主题陈述：将你的演讲内容分成几个主题段落，并为每个主题段落提供清晰的陈述。在每个段落中，介绍一个具体的观点或论据，并提供支持性的实例或证据。例如，如果你的演讲主题是健康生活，你可以将演讲分为饮食、锻炼和睡眠三个主题段落，并在每个段落中详细讨论每个方面的重要性和具体建议。

②使用视觉辅助材料：通过使用图片、图表、视频等视觉辅助材料来支持你的演讲内容。这些材料可以帮助观众更好地理解和记住你的演讲内容。例如，如果你的演讲主题是创新思维，你可以展示一张有关创新思维过程的图表，以帮助观众更清楚地理解。

3. 结尾。

①总结演讲要点：在结尾部分，对演讲的要点进行简洁的总结，强调你想让听众记住的核心信息。例如，如果你的演讲主题是沟通技巧，你可以简洁明了地总结："在我们的日常生活

和职场中，良好的沟通是建立成功关系的关键，通过倾听、表达和非语言沟通，我们可以有效地传递信息和理解他人。"

②提出挑战或行动呼吁：在结尾时，鼓励听众采取具体的行动或面对特定的挑战。这样做可以激发听众的积极性和参与度。例如，如果你的演讲主题是环保，你可以鼓励听众承诺减少塑料使用，并提供相关的行动指南和资源。

③结束用强烈的陈述或引用：通过使用一个强烈的陈述或引用结束演讲，留下深刻的印象。例如，如果你的演讲主题是梦想与成就，你可以在结束时引用尼尔·阿姆斯特朗的名言："这是一个小步骤，却是一个巨大的飞跃。"

通过上述方法，你可以设计出一篇吸引人的演讲，从引人注目的开场白到具体的中间内容，再到结尾的总结和鼓励。记住，一个好的演讲应该有连贯的结构，通过吸引听众的注意力、提供有趣和有力的论据，并给予观众具体的行动呼吁，从而给听众留下深刻的印象。

当然还有几点需要大家注意的

1. 使用生动的语言和形象：运用生动的语言和形象描述，让听众能够形象地感受到你所讲述的内容。通过生动的描绘，你可以激发听众的情感共鸣，并使他们更加积极地投入和参与。

2. 讲述个人故事：分享自己的亲身经历和故事，能够增加演讲的真实性和亲和力。人们更容易与个人故事产生共鸣，并从中获得启发和学习。

3. 结合多媒体元素：在演讲中使用图像、视频、音频等多媒体元素支持你的演讲内容。这样可以增加视听体验，提供更多的信息和刺激，使演讲更加生动有趣。

4. 与听众互动：创建与听众的互动环节，例如提问、小组讨论或调查问卷。这样能够激发听众的参与感和兴趣，使他们成为演讲的一部分，而不仅仅是被动的听众。

5. 注重情感和动机：触动听众的情感和动机，使他们与你的演讲产生共鸣。通过分享挑战、成功或激励性的故事，激发听众的情感反应，并唤起他们内在的动力。

通过这样的思路，我们就能设计出一篇精彩的演讲。所以，萃取自己的发言内容并不难，只要大家按照上面的方法去做，我们就能找得到、选得出、设计好！真正发挥语言的影响力！

※ 吴晓健

你的饺子是别人想要的吗

我相信通过前面的章节，已经激发起了你的表达欲望，掌握了如何让自己的演讲更有感染力的方法，首先我要祝贺大家获得了阶段性的突破，同时也欢迎大家来到新的挑战。这个时候有些读者可能会想，新的挑战？我已经激发了自己的表达欲望，让自己的演讲变得更有感染力了，难道这些还不够吗？

现实的真相是确实还不够，我给大家分享一个经典的故事，这个故事你可能听过，不妨再加深一些印象。

有一只可爱的小兔子，有一天特别想吃鱼，于是就花了一天的时间做好了鱼竿。第二天就去河边钓鱼……一天很快过去，回去时鱼篓空空如也，但是它没有气馁。第三天它继续满怀期待地去钓鱼，同样一无所获。但这次它气急败坏地把鱼竿扔到水里吼道：这里根本就没有鱼。正当它准备往回走的时候，突然一条鱼从水里跳了出来，对这只兔子大喊道：你要是再用胡萝卜钓鱼，小心我揍你。

在课堂中，每一次我讲完都会有同学哈哈大笑，不知道你是否也是同样的反应。同时我想问一下大家：小兔子它委屈吗？给自己五秒钟思考这个问题，如果我是小兔子，我会觉得委屈，因为我觉得我把自己认为最好的东西都给了出去，但是却换来了这样让人难过的结果。不知道这个故事是否会引起大家的一些共鸣？

在现实的生活当中，很多时候我们又何尝没有扮演小兔子这个角色？人人都笑小兔子，人人皆有可能是小兔子。在这个场景当中，小兔子和鱼其实都没有错，所以我们不禁要思考，我们给的究竟是对方想要的吗？这也是今天我想和大家分享的主题：你的饺子是别人想要的吗？

为什么会想到这个主题？我们刚开始以为有些人不敢面对大众演讲，是因为茶壶里有饺子，有嘴倒不出，但到后来我们才发现不是嘴的问题，而是打开了茶壶盖，发现这个饺子不是我们想吃的那一款。就好像亲爱的读者，你们爱吃的是酸菜馅的饺子，但是我却硬要给你们不喜欢的肉馅，想必这种感受也不会太好。所以接下来跟着我一起包饺子，包别人爱吃的饺子。

每一次领导力口才课程上，课程开始之前，都会有一个环节——给大家一分钟的时间上台来进行自我介绍，目的是让台下的同学对自己印象深刻，在竞选组长的时候能为自己争取更多的票数。

我也认真仔细观察过，发现大部分的同学都是千篇一律地介绍自己的姓名、职业和家乡等信息，台下大部分的同学，要么在看手机，要么忙着写自己自我介绍的稿子，整体关注度是不高的，但也有那么几个同学，通过提问不断调动大家感兴趣的那根神经，让很多同学愿意放下手机把焦点放在他的身上。后来我也很好奇地问了他们其中的一位，问他的自我介绍是基于什么去构思的，他很轻松地说，因为他知道同学们的需求是什么，这是领导力的课程，很多同学都是管理者，所以讲新生代员工的管理肯定能引发共鸣，讲团队人员的流动率大家肯定感兴趣，讲如何让团队更快拿到结果肯定能触动管理者的心弦。

反之，大部分没有思考过台下的观众到底需要什么的同学，也是给观众留下印象最浅的，组长的机会往往也轮不到他。

现在我们知道了，演讲之前最重要的是要了解观众的需求，接下来我来给大家分享分析观众的四大方法，掌握了这四大方法，你的讲话一定能够跟观众同频，每一个观众都会特别想听你的演讲。

第一，观众数。首先我们来看分析观众的第一个维度。分析什么呢？从观众的人数来说，我想问一下，今天面对几个人讲话和几百个人讲话，我们的区别是什么？一定是互动感的不同，如果我们是在几个人面前演讲，就会偏聊天式，放松一点，好玩一点，跟大家互动感会更强一点，甚至我可以走到观众面前跟大家互动。我甚至可以跟大家一起保持一个零距离的互动。但是如果今天是几百人，这个舞台特别大，特别宽，那这个时候好不好互动，肯定不太适合一对一互动了，这个时候可能需要更多的肢体上的互动，一些设计体验感的游戏。当然，除了互动感不同，还有什么会不同呢？

互动形式不同。人少，我们可以玩游戏，比如很多学员都熟悉的小蜜蜂游戏，适合人少的时候而且特别能调动氛围。但是人多的时候，玩游戏互动的方式可能就不一样，人多的话要什么样的互动呢？比如可以问问题，采访，分成几个小组互相讨论的方式。

内容呈现不同。几百人和几千人的内容选择不同，今天这个场如果人多，你要去了解观众的需求，而且不仅仅是了解几个，因为那么多人大家的需求可能各不一样，所以需要多了解几位观众，或者用分组讨论的方式，最后以小组为单位来了解，这样更容易得到共性需求。如果人少，了解的就会相对少些，但是也要了解观众的需求。区别在于对时间的把握上，需要确定怎么去安排我的演讲内容的时间。也就是说人多的话，我的时间可能就没有那么多，所以我需要更加精准地知道观众的需求，往一些大的方向去讲。

舞台呈现不同。观众人数不同，舞台的呈现不一样，台风要不一样，人多要严谨，但是人少也要严谨，对不对？人多，我重视程度会更高一些，如果今天在座的都是你的领导，虽然只有几个人，但是很重要，场面会不一样。观众人数多的时候，相对就会有一个大型的舞台，我们就必须要有对舞台的掌控感，对不对？可能人少我们不需要过多的走位技巧，但是人多我们可能需要去走位了，是不是？包括我们还有关于一些大型舞台设计的体验方式也不一样。

给大家总结一下，分析观众记住这八个字，互动形式、呈现技巧，同时这两者要有区别，要有不一样的互动形式和舞台呈现技巧。刚才我们讲了，人多，我们可以用一些分组的互动的方式与呈现的技巧，人少，可能我们会有更多肢体的打开方式去放开自己。人多的时候，在大型的舞台上，我们可能需要借助走位的技巧。这是我们对观众人数的分析。

第二，了解度。除了要分析人数，还要分析什么呢？分析我们对这个主题的了解度。今天如果我要讲的是一个很陌生的领域，在座的人都不了解，怎么办呢？

深入浅出。比如今天一上来，我们就来聊一聊元宇宙。如果一上来讲这样的话题，大家会觉得怎么样？听不懂，大家就会怎么样，就会走神了，对不对？所以你看，这个就是明显不匹配观众了解的领域。但是有一个问题点是什么呢？今天这个主题我知道大家可能不太了解，但我又必须要讲怎么办。可以提前做一些问卷调查，调查大家对这个领域的了解度是什么样的，我们可以把复杂的东西简单化，通俗易懂地去讲，这样就能够清晰地去了解了。

老话新谈。第二种情况是什么呢？今天我讲的都是一些老掉牙的东西，大家都听过的东西，这个怎么办呢？比如说我们公司在内部培训的时候，请了一位老师给我们来做演讲，但是新励成的老师做演讲学习已经近20年了。如果今天我作为这个演讲老师，面对一群对演讲主题，都已经了解到不能再了解的人，这个时候该怎么办呢？记住四个字，老话新谈。所以如果在座的人对演讲都很了解，那我就需要找一些新的话题来分享，比如说关于授课的内容方面，我不告诉大家怎样打造演讲结构，而是从心理学维度设计"峰值体验"教大家怎样在课程中设置峰值体验让自己留下深刻的印象，这样是不是在旧话题上有了新的感受。

第三，兴趣值。话题讨论：我们接下来要做一个小小的讨论。如果今天你的题目，观众不感兴趣怎么办？比如有位演讲的同学一上来就讲了一个量子力学，这个话题大家明显不是那么的感兴趣，遇到这样的情况我们该怎么办呢？那就换话题，不讲这个话题换一个；寻找与观众共鸣的东西；用故事去说这个话题。所以首先我们要了解一个点，大家对什么话题感兴趣，那怎么样才能知道大家对什么是感兴趣的呢？跟自己利益有关的，什么叫跟利益有关的，就是跟钱有关系的，但是我总不能时时刻刻都讲钱，对吧？这里有一个很重要的点，如何让大家跟你的兴趣度相关。

第四，我们都知道男女之间的兴趣点是不一样的，如果现场80%都是男士，可以讲一些男性化的话题，男性对什么感兴趣？比如车、钱、美女、房子。今天如果在座的80%都是女士，她们对什么感兴趣呢？帅哥、钱、孩子、化妆品、医美、衣服、逛街、美食……直播是不是都可以？如果你今天演讲，发现现场80%都是女士，结果一上来就说：我们今天聊一聊足球，你就会发现大家很明显都不想听。

除了性别差异还有不同年龄段的人感兴趣的话题也不一样。假设观众中80%都是"60后"到"80后"，这个时候该怎么办？讲广场舞，讲养生健康，这个是他们很关注的话题。还有讲培养子女、讲教育也是不错的话题选择，如果大部分是"00后"和"10后"，我们要讲什么？——讲游戏、讲偶像、讲流行文化，所以不同年龄段也会决定不一样的兴趣度。

除了年龄还有什么呢？职业会不会也很重要？假设舞台下坐的是一群IT工作者，他们会对什么会感兴趣？防脱发是不是感兴趣，关注这个发根和发际线对不对？还有他们是久坐群体，可能对一些运动的方式感兴趣一点，怎么样让他变得更健康好玩一点？所以你看这就是职业不同。再举个例子，今天在座的如果是新励成的老同学，他们会对什么感兴趣多一点？他们会对看书、阅读的方法、口才、怎么去打造这个影响力、怎么让自己在舞台上更自信等方面更感兴趣，所以职业不同，他们的兴趣值也会不一样。

除了以上三个因素，学历也会影响一个人的兴趣度，为什么呢？因为学历决定了一个人学习的能力，今天如果观众属于学历普遍不是很高的一些人，那么这个时候你讲解的方式就得深入浅出，就得更加好玩幽默一些。如果是学历很高的人，可能你就要讲点干货，讲些更有价值的东西。

还有最后一点也会影响兴趣值，就是经济水平。今天如果是一群收入不是很高的观众，他们会对什么感兴趣？怎么赚钱，怎么快速赚钱，还有怎么去提升自己的能力。如果今天是一群收入比较高的观众，甚至有一部分人已经实现了财务自由，他们会对什么感兴趣呢？

生命的绽放，他们对生命如何获得更高的滋养感兴趣，相信部分读者都知道马斯洛需求层次理论，处于最底层的是生理需求，物质基本有保障，生活有了安全感和归属感，再往上获得了尊重，最后他们需要的是自我价值的实现。所以你会发现有的企业家为什么会去做一些慈善、支教、演讲活动，也是在实现他们的自我价值，成为一个有影响力的人。

所以综合以上的维度，根据他们的经济情况等，我们就知道大家对什么感兴趣，对什么是不感兴趣的，这样就不会触碰到大家的雷区了，这就是兴趣值。接下来给大家分享最后一个方法，就是观众对这个主题的支持度。

假设今天你作为公司的负责人，要宣布公司下个星期马上要裁员降薪了。这个主题，观众是支持还是不支持？肯定不支持，那你又必须得讲，这个时候怎么办呢？接下来可以停下来思考一分钟，假设你作为公司负责人，想要裁员降薪怎么办？

有的人可能是把主管召集在一起，说一下自己的难处，然后再讲一讲我们接下来要裁员降薪了，首先今天的裁员降薪主题，在座90%的人都是不支持的，对不对？这个时候最怕的是什么呢？你在讲的过程当中，突然有人跟你对着干，到时候就会变得很难收场，这肯定不是我们想要的结果。这里可以提供一些思路：

第一步，如果一定要讲这个话题，可以提前去做沟通，找到一些台下支持你的人，跟你关系还比较好的人，一些骨干，跟他们吃个夜宵，或者共情地聊一聊，说我们现在的困难是什么样的，也让他们至少不会起到一些负面的影响作用，说不定还能帮你去打圆场。

第二步，我们在沟通当中很重要的一个技巧，叫作先跟后带。所以一定要先讲述今天公司遇到的挑战是什么，困难是什么，然后告诉大家如果我们未来挺过去之后，会给到大家什么样的好处。所以先讲难处，再讲自己目前遇到的困境，然后再讲到未来能够给到大家什么。

今天在处理观众对我们话题的支持度的时候，一定要清楚进行怎么一个操作和步骤。所以这8个字——提前沟通，先跟后带——是解决的思路，也是行之有效的方法。

最后总结一下分析观众的四个维度。第一个是观众的人数，第二是了解度，第三是兴趣值，第四个是支持度。我们已经清楚四个维度了，这时候读者可能会有疑惑，怎么样才能获得这些信息呢？

这就涉及演讲前的准备了，我们可以提前在微信群发一个问卷调查，用问卷调查的方式了解观众的需求。

第二个是什么呢？比如今天要去某个校区上课，我一般会提前到，如果是九点半上课，我一般会提前40分钟左右来到校区。我会干什么呢？我会跟第一位到达教室的同学沟通聊天，问他目前学习上的困惑有哪些，今天主要的学习目的是什么。到九点半开课时，我已经基本了解大家的共性需求了，来到舞台上也会更加有底，最后取得不错的效果也是意料之中的事情。

第三个，如果我们的演讲活动有主办方，也可以直接找主办方拿我们想了解的相关资料，也是一种很有效的方式。

※ 陈　粤

茶壶里的饺子去哪儿了？

不知道大家有没有听过一句谚语——茶壶里面煮饺子，有货倒不出。形容一个人心里面有很多想法，但等到需要表达的时候，却没有办法很好地说出来，"有口难言""词不达意""难以启齿"，用这几个成语来形容当时的处境最恰当不过了。

在很多场合，当自己要开口讲话的时候，偏偏就是讲不出来，要么就是不知道讲什么，要么就是有想法表达不出来，抑或知道该怎么讲就是难以启齿，本章我们就一起来看看我们茶壶里的饺子去哪儿了，是哪只拦路虎在阻碍我们的表达，以及如何赶走我们在表达路上的拦路虎。

新励成的王牌课程"当众讲话"第一节课中，有一个环节是确立目标，每一位学员都会站到讲台上述说自己是因为具体哪一件事情而来到新励成学习的，所以作为新励成的一名讲师，听到了非常多的学员对于表达的困惑，有的学员说在饭桌上吃饭，只知道说三个字"吃吃吃"或者"喝喝喝"，有的学员在需要演讲的时候头脑一片空白，哑口无言甚至手足无措，有的学员在人际关系当中对于爱的语言难以启齿。经过这么多年的授课，我也总结了一些学员们在表达上的阻碍。

学员案例1：曾经有一位男学员来到新励成的当众讲话学习，让他演讲中的语言表达能力提高了非常多，从原来的词不达意、结结巴巴到侃侃而谈、行云流水。这位学员是一个正在创业的老板，性格直爽，目标感很强，见他讲话的时候能用一句话绝不用两句话。平时工作，经常需要给客户介绍业务，介绍自己的公司，还得进行招商。他发现，平时坐下来和客户一对一喝茶的时候，自己讲话特别厉害，想到什么就讲什么，和客户有来有往，甚至有的时候把客户拿下后都会对自己说，自己的口才简直太好了！有一天，合作伙伴说要搞个招商会，需要他上去介绍一下自己的公司和业务，他自己觉得问题不大很爽快地答应了。结果活动当天站在台上讲的时候，他总感觉哪里怪怪的，讲几句卡壳一下，这里讲一点那里讲一点，和平时聊天的感觉完全不一样，自己对自己讲的内容都有一些摸不着头脑，合作伙伴对他的发言也不是很满意，让他备受打击。

通过这个学员的案例我们可以看出，他是一个有经历、有阅历、有自己内容的表达者，他和客户在沟通的时候没有问题，而在演讲中出现了问题，其中最大的原因，是他缺少表达的逻辑思维和结构。虽然他对业务和公司非常熟悉，但是准备的内容细碎零散，没有在表达的场合中用一个合适的逻辑框架把这些零散的内容组合、串联起来，所以就会出现表达上东一块西一块的现象，让自己摸不着头脑，让观众抓不住重点。

学员案例2：一位来自长沙的女学员，在上完课后来单独找到我咨询关于表达的问题，她的困惑不是来自自己，而是来自自己五岁的儿子，孩子正在读幼儿园，她发现每次去开家长会的时候，班里的其他小朋友都古灵精怪的，会说出很多大人都意想不到的语言，和大人聊天的时候也有来有回，看起来不像是一个四五岁的小朋友。对比之下，自己的孩子虽然很可爱聪明，但是在语言表达上却谈不上优秀，家长或者老师向孩子提问的时候，孩子经常会迟缓好几秒然后结结巴巴地说出来，这让家长感到担心，想让自己的孩子提高表达能力。

对于这一位女学员，我给了她一句话：认知理解能力走在语言表达能力的前面。我想说的是对于很多成年人来说，当他们需要对一件事情发表自己的观点或者看法的时候，要么说不出来，要么说出来的时候结结巴巴的，这方面最大的拦路虎，其实就是一个人的认知理解能力。如果一个人对一件事情没有思考或者是没有正确的思考方法，那他的表达内容是很难有深度的，认知理解能力和语言表达能力是一体的。

学员案例3：深圳有这么一位学员，他在确立目标的时候说自己的学历低，但是在深圳摸爬滚打这么多年，也站稳了脚跟，有自己的家庭和公司，但他特别羡慕一类人，那就是学历高的人，羡慕学历高的人每次讲话的时候都能够出口成章，侃侃而谈。而每次自己在一些高端和重要场合讲话之后，都觉得自己像一个土老帽，以至于自己逐渐不爱讲话了。在课堂上我观察到，这位学员在演讲的时候其实非常有气场，内容上也是有高度的，后来我在课下具体了解了一下这位学员的情况，这位学员羡慕的其实并不是学历高的人，而是那些在表达中，能随时随地引用各种谚语、成语、古诗词、故事、比喻、排比的那些人，感觉他们在表达的时候特别有文化。

通过这个案例，我们可以看出，其实有不少学员都有这么一个困惑，觉得自己口才不好就是因为自己学历低，觉得自己讲话的内容听起来没有文化，不够出彩。这其实和学历并没有直接的关系，那有没有学历低但讲起话来显得很有文化的人呢，一定有。所以这个上面最大的拦路虎，就是日常的积累不够多，想要讲点华丽的语言的时候发现自己词穷。

学员案例4：还有一个让我印象比较深刻的男学员，他今年38岁，是一名10岁孩子的父亲，用DISC性格色彩里的颜色形容，他是一个大蓝色性格的人，家庭和事业双双受阻，因此来到新励成想要改变自己。他从事 IT 行业工作 10 年，去年因为公司的人员调动，从原来的基层员工晋升为了一名管理人员，自己的专业能力在公司也算得上名列前茅。当他成为管理人员后，发现很多事情都力不从心，原来作为一名员工的时候，勤勤恳恳干活儿，按时给老板结果就行，多做事，少说话，但是现在作为一名管理人员，不仅要把自己的活儿干好，还要花更多时间去和自己团队的员工沟通协调，他团队的人有十几个，说多也不多，说少也不少。团队中有很多问题解决也不是，不解决也不是，不仅要解决团队的问题，还需要处理员工的情绪，这些让他头脑爆炸。面对很多沟通的问题他都无从下手，自己也没办法同理属下的心理，不知道在和他们沟通的时候该说些什么，更多时候都是随随便便打发就完事，导致团队很多积压的情绪没有得到及时的梳理，员工和人才流失。我问他，你和你孩子和老婆的关系怎么样，他委屈地和我说，和家人的关系也不好，家人也不理解他，他也不知道怎么和家人沟通，不知道面对家人和自己员工的时候该说一些什么。

这个案例的学员身上，出现了一个表达路上非常大的拦路虎，就是情商部分薄弱，情商是情绪的觉知和管理能力。有一句话是：口乃心之门户，开心才能开口，有感才能发。心掌控着七情六欲也就是情绪，如果一个人对情绪没有足够的觉知力和敏感度，那他大概率会是一个麻木的人，一个缺少共情能力的人，一个不善于表达自己感受的人，一个不善于管理情绪的人。对于这个学员来说，他从小生长的环境或者工作环境让他变成了一个极度理性并且缺乏安全感的人，逐渐地封闭了自己的情感功能和共情能力，情绪表达能力逐渐就失去了，所以导致自己在人际关系的沟通中，找不到茶壶里面的饺子。

通过这四个案例，我们可以给表达路上的拦路虎做一个总结，看看我们茶壶里的饺子到底去哪儿了。拦路虎一共有4条：

1. 思维逻辑。我们在表达的时候思绪混乱，讲话没有重点，是因为缺少表达的逻辑和框架。

2. 认知理解。我们在讲话的时候结结巴巴，半天说不出来个所以然，是因为对事物缺少理解和看法。

3. 积累储备。我们在表达的时候没办法引人入胜、余音绕梁，是因为缺少素材的积累和储备。

4. 情商共情。我们在沟通的时候或者需要表达情感的时候，没办法共情和表达情感，是因为情商共情能力偏弱。

那么如何赶走表达路上的拦路虎呢？本书将会在每个章节和大家共同探讨学习。如何找到表达的思维逻辑框架，让我们的表达有逻辑和条理；如何提高自己的认知理解能力和学习思考方法，让我们的发言内容有高度；如何在日常积累储备语言素材，让我们的表达引人入胜；如何提高自己的情商共情能力，深入人心，期待读者能找回茶壶中的饺子，成为一个表达的高手。

※ 徐　豪

做情绪的主人

我们究竟能否掌控自己的情绪？好消息是肯定的。在学习掌控自己情绪之前，请看一看过去情绪受到了哪些因素的影响。

有的人早上一起来发现天阴阴的，结果情绪不大好；这种人的情绪受到了天气的影响。

有的人因为别人的一句话就开心或伤心；在这种情况下，这种人的情绪受到了别人的影响。

有的人因为身体不好而情绪低落；在这种情况下，这种人的情绪又受到了身体的影响。

有很多因素都在影响着我们的情绪，其中有相当一部分是我们不容易或不能把握的，这样我们还能掌控吗？试想一下，你买了一台新车，特别棒，期待好久了，你会不会把这台新车的钥匙随意给到别人手上？如果你搬了新房，你会不会把自己新房的钥匙随意给到别人手上？我相信答案基本都是否定的。如果你连车子、房子的钥匙都不愿意交给别人，为什么却把自己情绪管理的钥匙交给了别人？

所以我们首先要做一个决定，把情绪管理的钥匙拿回来！我们可以决定并相信，"我的情绪，我做主"。当然，仅靠口号是不够的，我们还需要实际办法。实际上，你至少可以有三个方法掌控情绪。这三个方法中的任何一条，都可以让你瞬间掌控自己的情绪。如果三者同时使用，你将创造奇迹。

看到这里，有些期待了吧？我们不卖关子，直接给大家分享这三种方法。

第一种方法：肢体动作。

想象一下，有一位先生来找你，他叫沮丧先生。虽然你还没有遇到他，但他一会儿就要来见你了。我们能否给他画一幅画？

这位沮丧先生的头是抬起来的还是低下去的？他的眼神充满光彩，还是有些暗淡？肩膀是打开的还是收缩的？面部是带有笑容的，还是死气沉沉的？呼吸是深的还是浅的？是走路带风还是拖泥带水？如果让他说话，是语调高昂还是声音低沉？我相信你的答案跟我的是一致的，因为沮丧的人表情动作都差不多。

当然，我相信你不大喜欢沮丧先生。换一位快乐女士，这位女士也不知道什么原因,她非常快乐。她马上就要来见你了,我们能不能把她的样子刻画出来?这位快乐的女士,她的头是抬起来的还是低下去的?她的眼神是黯淡的,还是眼里有光?是面带笑容,还是一脸死相?肩膀是打开的还是收缩的?她的呼吸是深的还是浅的?走起路来是蹦蹦跳跳,还是拖泥带水?她说话的声音是否也会像银铃一样好听,而不像晨钟暮鼓那样低沉?我相信你已经看到了这位快乐女士的画像,而且我还相信你脑海中的快乐女士的手势、动作、神态和我画像中的一样。为什么?因为情绪会影响一个人的动作、表情、语气、语调、呼吸的深浅、移动的快慢,这可以说是我们普遍的经验,不是吗?

如果反过来,我们的动作、表情、语气、呼吸、移动速度会不会影响我们的情绪?在继续阅读之前,我建议你先尝试做一个小实验,尝试做出不同的动作和表情,看看你的情绪会有什么样的感受。假如你模仿沮丧先生,让自己的头颅低、呼吸变重、肩膀收缩、表情杂乱,保持这个姿势两到三分钟,你会有什么样的感受?感觉不那么美妙,甚至都有沮丧感了,对吧?好的,让我们换一个姿势,模仿刚才那位快乐女士。头抬起来,脸上露出笑容,眼神变深一些,动作轻快一些,肩膀打开,用这样的方式在房间里抖动。请记住要亲切且快速。两三分钟后,你的感受如何?

在阅读这段话时,你应该已经尝试了前两个实验。如果还没有，我建议暂停一下。先重复那两个实验。然后再和我一起探索结论。

欢迎你回来！你的感受是什么？得到的结论是什么？有没有发现，当你用不同的动作表情、呼吸节奏、行动快慢，实际上它们都会影响到你的情绪？因此，我们可以得出一个了不起的结论：动作创造情绪！也就是说，你想要什么样的情绪，只需要做出与情绪相同的动作、表情，就能感受到这个情绪。过去我们会由情绪引发动作和表情，现在反过来其实也是一样的。当我们掌握了这一方法后，便豁然开朗，原来我需要让自己的情绪变好，变得如此简单。我只需要快乐，做出快乐的动作和表情，让自己振奋，张开双臂昂首挺胸就能做到。其实就是这么简单。各位要记住，我们是自己情绪的梦工厂，可以创造出自己所需要的任何一种情绪。是不是很神奇？突然感觉得到了很多自由？现在是不是已经跃跃欲试了，准备为自己生产制造一些情绪了？

试试看吧。让我们制造一些快乐的情绪，让自己更快乐。请多调整手势动作，让脸上的笑容更灿烂，甚至发出声音。不用担心你这样做看起来有多么奇怪，因为我们正在练习一项非常重要的本领。看着镜子里的自己，说一声："我好喜欢你，我的笑容特别迷人。"

露出笑容的感觉如何？是否感觉很棒？因为你正在使用动作创造情绪。

接下来，我要让你找到自己的卓越时刻。请你闭上眼睛，好好感受一下自己过去最自信的时刻。请问那时你身处何方？请回忆一下当时的场景，并还原当时的表情动作。你也可以在房间里来回走动，想象身后有个披风，那是超人的斗篷，仿佛有一种自信和雄心。

这种奇妙的感觉在短时间内就能获得。原因很简单，因为动作会创造情绪。这个动作包含肢体动作、面部表情、语气、语调、移动速度以及呼吸的深浅。现在掌握了这个秘密，可以开始用动作创造美好的情绪了。建议每天早上起来时，对着自己或镜子笑出声音，持续二三十秒。刚开始时可能会感到不习惯，为了笑而笑，但笑到第10秒或第15秒时，你会自然而然地开心起来。尝试用动作创造情绪，这种技巧使用越多，你对自己的情绪状况就会越满意，会变得自信且快乐。请用好这个工具，成为自己情绪的主人！那么第二个工具是什么？

第二种方法：调整焦点。

简单来说，焦点在哪里，能量就在哪里，能量在哪里，哪里就会被放大。你把焦点放在事情的哪个方面，就会给你带来相应的情绪，引发你相应的行为反应，得到与它相关的结果。所以你种下了什么因就会有什么样的果，而这个"因"就是我们的意识焦点。举个例子，你来到一个宴会上，会把焦点放在那些多年未见的老朋友身上，你发现他们热情地举杯，热烈地谈论的自己这些年的经历，脸上洋溢着喜悦和幸福。你会说："这是一个多么棒的宴会呀！"反之，如果将焦点放在两个吵架的人身上，他们争论不休，面红耳赤，你会说："那是多么糟糕的宴会！"事实上，这是同一个宴会，但如果将焦点放在不同地方，会得出截然相反的反应。

生活中也有类似的例子，大家做同一件事情，都在同一个场合，但对事物的评价却截然相反。这不是事物本身发生的变化，而是他们看待事物的角度和焦点不同。

在我的课程训练中，有一个沙漠穿越挑战赛。我会带领同学们穿越一片无人的沙漠，并设置障碍与挑战。与我们一起穿越沙漠的同学面对的是茫茫无际的大沙漠，是人迹罕至的荒凉之地，象征着死亡之海的无尽黄沙，但他们往往会表现出兴奋与斗志昂扬的状态。因为他们把焦点放在挑战自己、突破自己、成长自己上。当然也有人不理解我们挑战自己的行为，说我们是花钱买罪受。亲爱的读者朋友，你觉得穿越沙漠是突破与成长，还是花钱遭罪？到底谁的观点是对的？实际上，从不同的角度来看，他们都是对的，不同的是他们怎么样看待这件事，这会给他们带来不同的结果。

那么你要的结果是什么？你是否认同任何事情都有正和反两个方面？我们是否应该扬长避短，发挥对自己有价值的一面？这就是我们要调整焦点，把事物放在对我们有价值的一面的原因。当然道理大家都懂，但很多人还是过不好这一生，因为他们只懂道理，而缺乏行动和方法。我们要把焦点放在积极正面的地方，让大家凡事往好的方面想。你是否也劝过你身边的一些朋友，在他们失意的时候告诉他们往好的方面想，这样有没有用？似乎没有什么效果，对吧？

实际上，调整焦点需要专门的方法。不能只是朝着好的方向思考，而是需要想办法提出积极有效的问题。我们对自己的提问会引导自己改变思考的焦点。西方有句谚语叫作："Ask, and you will get it"，意思是"所问即所得"。我们的潜意识无时无刻不在向我们自己提问题，很多时候甚至自己都没有反应过来，其实他已经问出问题，给了我们一个思考的导向。例如，你在洗手间被一个人不小心撞了一下，你会有什么样的反应？如果你问："他为什么走路不长眼睛？"那么你是愤怒的。如果你问："我们为何如此有缘分，在人群中居然能碰到？"那么你可能多一个朋友，或许多年后你们聊起这件事时还会笑。如果你问自己："我要去哪里？做什么？"也许你会对这次碰撞毫不在意，继续奔赴你的目的地。这些都发生在一瞬间。这样的瞬间每天都在发生，每天我们几乎要问自己1000～2000个问题，这些问题都是由潜意识几乎不加思索就问出来的。那么，我们应该如何调整自己的焦点？难道要对每一个问题都进行调整吗？这是不可能的。我建议大家掌握三种提问题的方法，如果掌握了这三种方法，遇到大多数情况都能化解和逆转。

第一种方式是问:"发生这件事情对我有什么价值?"特别是如果发生了一件你认为不太好的事情,我们可能陷入懊恼、痛苦和悔恨中,这时已经发生的事情是无法改变的。我们可以问自己,发生这件事情对我有什么价值?我们并不需要把所有事情都解释成好事。像心灵鸡汤,常常会说"一切都是最好的安排"。我不同意这种说法,如果你的钱包丢了,你能说这一切都是最好的安排吗?你是否还想再安排一次?有些事情是我们用常理和逻辑来判断的,它不是好事,甚至是坏事,我们不必要把它解释成好事。但即使是坏事,也有其价值。我们可以挖掘出这个事情对我们的价值。既然你为这件事情付出了代价,也要让我们获得一些成长,这样才公平。

当你遇到挑战时,可以问自己发生这件事情对我有什么价值。我们的头脑是非常神奇的成功机器,你问出什么样的问题,它就会朝着这些方面思考,直到帮你找到答案为止。所以你只要保持耐心,就会发现你能够得到价值。

我举个例子,曾经深圳有个同学找我给她做个人辅导,我了解了她的情况之后,给了她建议,说她干脆就直接上我们的"心理素质"课好了,这个不用来做个人辅导了,学会这个方法你会发现不仅是这件事情,以后遇到很艰难或很有挑战的事情,你都可以使用这个方法。

没想到她说:"老师,不行,你们"心理素质"要等到周末才有,我现在就已经很难受了,你说吧你们个人辅导是多少钱?"我说5000块钱1个小时。"没问题,能解决的问题不要说5000块钱,就算5万块钱我都愿意,因为千金难买我高兴!"到底是怎么回事呢?原来她是一个淘宝电商,以前一直在网上卖自己的产品。但是有一次她自己也尝试到别人的店里买了一个几十块钱的东西,结果东西寄过来她才发现,跟店家描述的不一样,她想把这个东西退回去。没想到对方商家说:"亲,可以退,但是你要付邮费!""亲,我怎么可以付邮费呢,明明是你产品的问题,应该你自己全额负责,亲!"

"我们就是这样规定的亲。"

"你不可以这样,亲!"

"亲,我们真的没有办法!"

最后两个人"亲"来"亲"去就吵了起来。

这件事情没有吵出结果,但是关掉电脑之后,她还是很生气,越想越生气……总是感觉非常难受。

她觉得自己总为了一些小事情而让自己难受好几天,虽然她也读过很多的心理学的书,知道愤怒是用别人的错误来惩罚自己,虽然道理都懂,但是她就是不开心怎么办呢?

这个时候呢,我就问她了,我说:"发生这件事情对你有什么价值呢?"

"还有什么价值？我都气死了，还有什么价值呢？"

我说："如果有的话，会是什么呢？"

她见我很坚持，就碍于情面来配合我："如果有价值，我自己也在店上卖东西，我可能会更了解客户的一些心理喽，可能将来处理的时候会更好一点。"

我说："非常好！还有呢？"

请注意我这里有一个追问叫作"还有呢"，记住啊，要用的是"还有呢"，不要用"还有吗"。

因为"还有吗"是可有可无的，有可能有，也可能没有，而"还有呢"是暗示她可以讲得更加丰富一些。所以我又问她"还有呢"，她又讲，然后我又问她还有呢，她又想想，又找到了，又讲"还有呢"，结果问到三四个"还有呢"的时候，我发现她已经开始喜笑颜开了，她发现这件事情对自己确实有价值，因为她说"自己本来就是做淘宝电商的，所以特别了解。我开始真的了解那些有抱怨的客户的心态了，所以我回去会培训我的客服，让她们调整自己的语言和话术"。最后她说："哇！老师真的实在是太感谢你了！"

所以说这 1 个小时的辅导就是问了这一个问题：这件事情对你有什么价值呢？还有呢？大部分时间都是她在讲，当她起身要离开的时候我又握着她的手说："现在你明白了吗？"

"明白了！"

"如果将来遇到一些让你糟心的事情,让你烦心的事情,你该怎么做呢?"

"老师我懂了,遇见这种事情的时候,我就问发生这件事情对我有什么价值。"

"说得很好,还有呢?"

"对了,我还会找到卡点,会把这个价值转换成为行动,老师谢谢你!"

当然这位同学后来也成为了新励成同学当中的一员。

这就是问问题的力量!

我们提出这个问题不仅是为了让自己感觉好过,更重要的是能够让自己带着更好的状态去行动,达成想要的目标。因此,我们可以使用第二种类型的问题:"我要如何做才能达成目标并享受其过程?"千万不要忘了过程。很多人都会问如何达成目标这类问题,我们为大家进行了优化,要求必须加上享受过程。达成目标的方法有很多种,至少有一种方法可以让我们去享受其过程。即使有些事情很难,有些事情很枯燥,仍然可以做到享受过程。这里有一个法则,即只要全身心投入,就能感受到长久的快乐和成就。如果不投入去做,很多事情,你可能永远感受不到它的乐趣。即使是枯燥的事情,如果你做得很投入、认真,也能享受到其中的乐趣和快乐。

我留学时曾在一家五星级酒店打工,白天上学,晚上在厨房里洗盘子，一干就是8个小时。大家觉得这种事情能享受过程吗？当然，刚开始都是辛苦的，更别谈享受了。后来我想，"虽然时间是给了酒店，但这8个小时的生命质量却要由我自己负责"。这时候，我开始转变工作态度，把它当作对自己的锻炼。我会自己跟自己比赛，总想着下一个15分钟要做得比上一个15分钟更多一点，更好一些。每当发现又打破了自己的记录，有了些许的进步，心里就会很开心。当然，五星级酒店的后厨也是学习和了解餐饮文化的好场所。做一个有心人，与身边的人沟通，保持勤快与乐观，你会发现照样能享受过程。既然洗盘子这种脏活儿累活儿，也能享受过程。你是否觉得你的工作更值得享受？我刚才提到了一个好问题，不是吗？达成目标是一个漫长的过程。如何让这个过程变得更激动人心，更令人愉快？我们需要在这个过程中不断加入正向反馈，这引导出我们的第三个问题。

第三个问题是，当我们取得进步，并与身边的伙伴分享成果时，可以用这种问题给自己和身边的伙伴正反馈。你可以问自己或你的伙伴："面临这么困难的情况，你都能进步、解决问题，你为什么那么努力、坚持？你为何如此锲而不舍，如此优秀？"

实际上，我们以上的每个小问题都在强化自己或伙伴的优秀品质，这比直截了当地赞美更有效。这种问题可以用于激励他人，也可以激励自己，尤其是当你取得进步和突破时。你学会了吗？

我们之前已经学习了两种掌控情绪的方法，分别是通过动作创造情绪和问题调整自己的焦点。当然，还有第三种方法，我们随时也能应用。那就是通过语言的改变，我相信语言具有神奇的魔力。

第三种方法：调整语言模式。

有的人一句话让人笑，有的人一句话让人跳；有些话让人听到倍感温暖，有些话却让人愤怒不已；有的语言让人颓废，有的语言让人振奋。因此，我们要善用语言的魔力，把语言变成我们卓越情绪的催化剂。

我是一位催眠师，在学习和应用催眠的过程中，发现催眠师进行催眠时，会使用大量语言进行引导。很多催眠师甚至认为，当一个人开口讲话时，他其实就是在进行自我催眠。因为语言首先影响的是自己。那么，在语言调整情绪方面，我们应该如何做？

首先，我们要尽量减少甚至删除带有负面暗示的词汇，例如不要说"问题"，而要说"挑战"。如果遇到难题，比如在工作中遇到的问题，在生活中遇到的问题，当你一直说"问题"时，会不会有压力？但如果你把"问题"两个字转换成为"挑战"的时候，当你谈论同样的事情时，你会更倾向于面对并解决它，而不是逃避它。再比如，现代人喜欢谈论压力，有这样的压力和那样的压力。当一个人谈论压力时，通常情绪状态很难高涨。我们可以将"压力"转换为"责任"，即少说"压力"，多说些"责任"。

举例，当你的小孩出生时，你是承担抚养和教育他的压力还是责任？如果将其视为压力来表述，你会发现你总觉得自己很辛苦。孩子在长大的过程中可能会感到无力，没有价值感，这样的孩子容易自卑。当然，也许你没有当着孩子的面直接说他是压力。但你可能说过这样的话："我这么辛苦还不是为了你？"你有没有说过类似的话？实际上，这是在向你的孩子表明你承担着压力。如果将其视为我们的责任，你会发现这种责任让我们更有力量感和价值感。如果你的孩子看到你是负责任的状态和态度，他也会学会负责任的状态和态度，对吗？

因此，我们要经常注意语言表述中容易出现的负面词汇，并将其转换为正面词汇。在本书中，我为大家提供了一些参考。请不要抱怨"没时间"，而要说"我现在就安排时间"，不要说"没钱"，要说"我值得"，不要说"没办法"，要说"我现在就想办法"，我们可以减少说"孤独"，改成说我"享受清闲"。你爸爸妈妈不会经常"唠叨你"，而是他们总是"关心"你。我们不害怕"失败"，因为每次都会"累积经验并有所成长"。上台演讲时，我们不是感到"紧张"，而是有些"激动"。大家有没有发现，转换词汇时，你的表情感受是否发生了变化？我相信你肯定会的。

当然，除了负面词汇，我们可以将其转换为正面词汇，已经是正面的词汇，我们还可以将它转换为更积极、更有力量的词汇。例如，早上起来时，你不仅需要清醒，还需要充满能量。当我们赞美别人时，不要说你真幸运，而要说你值得今天这些美好的生活和成就，赞美别人时，你可以说他聪明，当然你更可以说他有智慧。请务必快速行动，将其转换为特别有效率的行动。当你将已经是好词汇转换为更有力量的词汇时，给自己的暗示也会有所不同。我们可以少说些"希望"，多说一些"坚信"，对于未来的目标和人生理想，我们不仅希望能达成，而且坚信一定能达成。所以有些同学上课时常告诉我，自从上完你的课后，我就发现没有什么"希望"了，剩下的只是坚信。

词汇的转换是不是很有意思，对我们的暗示作用非常不同？那么，我们全部都要讲正面的词汇，难道我们就没有缺点了吗？如果我们不能避免或永远不谈自己的缺点，那么我们怎么能成长？请记住，这里不是让大家不谈自己的缺点，但讲缺点也可以给自己积极正面的暗示。

例如，有同学在上台时告诉我："老师，我是个胆小、内向、害羞的人，一上台就感到特别紧张。"

我告诉他："你只是过去认为自己胆小、内向、害羞，从现在开始你已经在行动、改变和成长了，不是吗？"胆小、内向和害羞，可能源于过去曾经不满意自己的地方。我们应该将其转化为积极正面的暗示，只要加上"过去认为自己"的头衔，就能谈论自己过去的缺点。即使这些缺点在一秒钟前犯过，仍然是过去。

这给我们一个重要的暗示，表明过去不等于未来，缺点已经过去，而我正在成长。因此，在调整语言状态时，建议大家在未来一个月左右注意自己的语言，将负面词汇转换为正面词汇，将已经是正面的词汇转换为更有力量的词汇。在谈论缺点时，别忘了加上"过去"的前缀，我相信通过一个月左右的刻意练习，你的语言基本上会没有任何负面。

以上三种方法就是掌控情绪的方法。第一，动作创造情绪；第二，调整焦点，激发情绪；第三，通过语言暗示，让自己达到卓越的情绪状态。只要你多加应用，良好积极的情绪将永远伴随着你。

※ 赵永花

关系的品质决定生命的品质

渴望得到别人的赞美，是人的一种天性，因为赞美是爱的语言。赞美给他人带来加倍的成就感、自信心和幸福感，恰当的赞美可以抬高别人的自尊，并能以此获得他们的友善和合作。正如古龙所说："夸赞别人，是种很奇怪的经验，你夸赞别人越多，就会发现自己受惠也越多。"

赞美就像润滑剂，可以调节人际关系；赞美又像协奏曲，那和谐悦耳的声音让人如痴如醉；赞美犹如和煦的阳光，让人们享受到人间的温情；赞美像催人奋进的战鼓，给人以鼓舞和鼓励。

虽然人人都爱听赞美的话，但是并非任何赞美都能使对方高兴。所以，赞美一个人时，要运用一些策略和方法。如果策略运用不当，使人将赞美误认为是献媚，那就背离我们的初衷了。为防止别人误解，使你的赞美能够真正起到沟通人脉的作用，你在赞美别人的时候一定要掌握一些方法和原则。送人玫瑰，手留余香，下文"爱的语言之十二朵玫瑰"可以帮助你更好地赞美他人。

玫瑰花一：赞赏的具体化

赞美别人，要针对某人具体的、突出的特点，不能空话连篇。空泛的赞美往往没有明确的评价原因，甚至会引起混乱和误会，使对方怀疑你的是非辨别与审美鉴赏的能力。而具体的赞美，因为是有特指的、实在的内容，产生的效果也会更好。赞美的具体程度与你关注对方的深度紧密相关，只有用心而认真地观察对方，才能说出他的优点。

你的赞美越具体，表明你越关注对方。比如，你太漂亮了，你很聪明，你真棒，你是个大好人，这类统统是空洞的赞美，听起来会给人敷衍的感觉，甚至有拍马屁的嫌疑，让人怀疑你动机不纯，容易引起对方的反感与不满。不过如果你能详细地说出对方漂亮在哪里，怎么聪明，哪里让你感觉很棒，为什么是个大好人。赞美的效果就将大大不同，因为这些优点可视、可感觉，是真实存在的。听到这样的赞美，对方自然能够感受到你的真诚、亲切与可信。

有个学员小美，开车到小区门口，因为天热口渴，于是想买个西瓜回家解渴，在走到水果店门口时，看到老板坐在摇椅上，摇啊摇，非常享受，于是小美说："老板，帮我挑个西瓜。"

老板好似没听到，还是摇啊摇，小美心想，这老板看来是睡着了，于是提高嗓门说："老板，帮我挑个西瓜。"老板还是没动静。只见房间里走出来一位年轻女士，边道歉边去挑选西瓜。小美回想人际关系课堂上学到的方法，要不试一试吧，于是再度提高了嗓门说："老板娘啊，昨天老板给我挑了一个西瓜，是我今年吃的皮最薄、瓤最红、最甜的一个西瓜了。"

话音未落，老板噌地一声从摇椅上站了起来，三步并作两步说："老婆，昨天那个瓜是我挑的，还是我来吧。"只见老板拿起第一个西瓜放在耳边拍拍又放下，又拿起第二个放在耳边拍拍又放下，直到拍到第八个，老板说："就这个了，如果没有昨天那个西瓜皮薄、甘甜，你拿回来，我帮你换。"小美在课堂上分享了这个故事，成了大家今后买东西的法宝了。

玫瑰花二：赞赏对方得意的事

要用这朵玫瑰花，首先要弄明白一个概念，什么是对方得意的事？就是对方喜欢拿出来晒的事。

赞美是人与人之间交往的润滑剂，但前提是赞美出于真诚，如果不是出自真诚，就显得没有根据，就可能被对方认为是讽刺，从而引发对方戒备防范的心理反应。比如你要赞美一个人的书法写得好，可以赞美对方："你的字写得真好，一定花了不少时间练习吧？"虽然是在向对方提问，可是对方却明白你其实是在真心诚意地夸奖自己。如果你说："你的字写得真好，连王羲之都自愧不如，中国书法协会的会长怎么不让你去当啊？"这种"赞美"表面是夸奖对方的书法，可实际上却是在贬低对方，卖弄自己。这种不真诚的赞美，不仅不会为自己带来友谊，反而会给自己树立一个敌人。为避免产生这种误会，你必须确认并坚信你所赞美的对象确实具有你所赞美的优点和长处，而且你必须诚心诚意地敬慕、佩服对方的长处。

玫瑰花三：赞赏对方不确定的事

有位学员在一所美容学校学习，学校规定一学期迟到不能超过3次，今天她又迟到了。到了学校门口，张老师还在查考勤，学员眼前一亮说："张老师穿职业装还挺漂亮的。""是吗？原先都说我穿职业装好看，生完孩子胖了我不敢穿了，还行吗？""太行了，多挺拔啊。"

"进去吧！"学员的赞美，让张老师放了她一马。

玫瑰花四：与自己做对比

这朵玫瑰花的用法是告诉对方我只佩服两个人，一个做对比，另一人即是对方。有位学员在接待一位领导时使用了这朵玫瑰花，他对领导说："论实干我就佩服两个人，一个是董事长，一个就是你。"领导听后开心地说："你真实在，我认你做干弟弟。"

还有位学员向经理发短信请假，她写道："在广州打工这么多年，只有两个人对我最好，一个是我姐，另一个就是你。"第二天，上司很高兴。不仅以后请假好请了，还真像姐姐一样。当她脚受伤时，上司还从香港给她带药。

玫瑰花五：公开赞赏

有位学员在一家公司做秘书，有一天，她开电脑发现坏了，马上给平时帮她修电脑的朋友打电话，朋友正忙，说一会儿再打回来。这时想起单位来了一个电脑工程师李工，就请他帮忙看看，李工过来了，此时朋友电话也来了，学员说："我们这里有一位工程师，电脑可棒了，这次不用你修了。"挂了电话，只见李工胸一挺："包在我身上，没问题。"忙到第二天早上，果真修好了。

玫瑰花六：赞赏你希望对方做的事

鲁西南深处有一个小村子叫姜村，这些年，这个小村子因为几乎每一年都有几个人考上大学、硕士甚至博士而闻名，久而久之，人们不叫它姜村了，大学村成了姜村的新村名。在惊叹姜村奇迹的同时，人们也在思索：是姜村的水土好吗？是姜村的父母掌握了教育孩子的秘诀吗？还是姜村的教师会点金之术？

其实，在30年前，姜村小学调来一个50多岁的教师，这个老师教了一段时间以后，就有一个传说在村里流传。这个教师能掐会算，他能预测孩子的前程。原因是：有的孩子回家说，老师说我将来能成为作家；有的说，老师说我将来能成为钱学森那样的人等。不久之后，家长们发现，孩子与以前大不一样了，他们变得懂事而好学，好像他们真的是数学家、作家、音乐家的材料了。

老师说会成为数学家的孩子，对数学的学习更加刻苦；老师说会成为作家的孩子，语文更加出类拔萃。孩子们不再贪玩，也都变得十分自觉，不用像以前那样严加管教，因为他们都被灌输了这样的信念，他们将来都是杰出的人，而好玩、不刻苦等恶习的孩子是成不了杰出人才的。就这样几年过去了，奇迹发生了。这些孩子高考后，大部分都以优异的成绩考上了大学。这个老师年龄大了，回了城市，但他把预测的方法教给了接任的老师，接任的老师还在给一级一级的孩子预测着，而且，他们坚守着老教师的嘱托：不把这个秘密告诉村里的人。

我朋友的几个好朋友都是从姜村走出来的，他们说，从考上大学的那一刻起，对于这个秘密就恍然大悟了，但他们又都自觉地坚守了这个秘密。

甲、乙两个猎人打猎，各打回两只兔子，甲妻说："你怎么就打了两只兔子？"甲说："这就不少了。"乙妻说："没想到你竟然打了两只兔子。""这算什么，我明天能打四只兔子。"第二天，甲空手而归，想证明打兔子不易，乙却带回了四只兔子。批评什么得到什么，赞美什么得到什么。

玫瑰花七：赞赏对方的努力过程

努力了不一定有好结果，但不努力一定没有好结果。智慧的人懂得在他人努力的过程中给予支持和鼓劲，以便达到理想的结果。

多年前，伦敦有一个青年希望成为一个作家，但每件事都似乎与他作对。他只读了四年书，他的父亲因为付不起欠债，被捕入狱。这位青年饱尝饥饿的痛苦。最后，他在一间老鼠肆行的货房中粘贴黑油瓶上的签条。夜里他睡在一间破旧的阁楼中，同两个来自伦敦贫民窟的肮脏顽童住在一起。他对自己写书的能力信心极小，因此，他在沉寂的夜里偷偷出去，将他的稿件付邮，在此期间，他的家人每次都在他写作时给予鼓励和支持，使他充满了信心。终于有一天，他的一篇故事被刊登了，改变了他的一生。如果不是因为家人一直以来的鼓励，他或许终生都会在老鼠肆行的货房工作。你或许早已听说过这个孩子，他的名字叫狄更斯。

玫瑰花八：借第三者的话

在一般人的观念里，第三者对人或事物的看法通常都比较客观、公正，那么，你在与人沟通时不妨借助对方的这个心理，用第三者的口吻说出自己的赞美之词，这样就很容易收到事半功倍的效果。

比如你到一位朋友家里拜访，见到他的妻子很漂亮，想要当着朋友的面赞美她一番，如果你直接说"你老婆真是太漂亮了，谁看见了都会动心",对方就有可能误解你的话,认为你对他的妻子有什么想法。如果你说"以前总听小李说你老婆漂亮,今天见了,果然名不虚传",这样的话对方肯定能够愉快地接受,并暗自得意。

有位学员在办公室养了几盆植物,不浇水,不懂养,一位同事养花很好,有一天这位学员说:"你养花特别好,各种各样的花都有,布置又好。""你怎么知道的?""他们都这么说。"同事一听好高兴,"这花怎么这样?""求指导啊。""别急,明天你买点土,重新栽。"第二天,同事弄来一大塑料袋的土,重新栽了一遍,教小荣几天浇一次水,还嘱咐她不能浇当天水,要过夜水,并拿来花肥。赞美使人受到了赏识,激发了动力,唤起了行动。

玫瑰花九:逐渐增强评价

有人曾经说过:"即使好心的称赞,也要适可而止。"古人也说过:"过犹不及。"赞美的尺度掌握得如何往往直接影响赞美的效果。恰如其分、点到为止的才是真正的赞美,才能让对方感到舒坦自在,从而接受你的赞美;过度的恭维、空洞的吹捧,只会使对方感到不舒服,甚至感到肉麻、厌恶,结果只能适得其反。赞美一旦过头变成吹捧,赞美者就不仅不能收获到交际成功的微笑，反而要吞下被置于尴尬地位的苦果。

上海一个卖糖果的营业员，知道逐渐增强的技巧，抓糖果不抓一斤，抓9两，然后再一点点往上加，顾客内心非常高兴，下次还来买。如果抓多了，往下拿，顾容从心理上感觉缺斤少两，以后就不愿光顾了。所以对人赞美也要逐渐增强，从外在表情到内在气质，从外貌到才华。

玫瑰花十：似否定实肯定

赞美是人们在人际交往中经常使用的沟通方式，针对某个特定的人，必然有一些赞美是他经常听到的。这些赞美往往都是针对他最突出、最明显的特点发出的，比如外表看起来比实际年龄年轻、漂亮英俊、气质不凡等。这些赞美之词，对这个特定的人而言已经听到过很多次，已成为一种习惯，这样的赞美已经无法打动他的心，不能引起对方足够的重视了。

如果你想把赞美的效果推向极致，就要尽量避免这些平庸的赞美，而应该尽可能地使自己的赞美新颖些，与对方经常听到的赞美有所不同，因为新颖的事物总是能够优先引起人的注意。为了让自己的赞美新颖动听，就需要你细心观察对方，深刻了解对方，发掘他不易为人发现的优点，并把这种优点恰当地描述出来。

玫瑰花十一：巧用类比

你的赞美之词一定要和你所赞美的对象相匹配，不能太夸张，也不能太不着边际。华丽的词语，只能像浮云一样飘过，不能触动赞美者的心。就如同食物一样，不管表面看起来多么精美，可是吃下去却消化不了。那就不是一种好的食物。做出这种食物的就不是一个好厨师。

同样，说一些不实在、对方接受不了的赞美的话，就不是一种好的赞美，那么，说这种话的也就不是一个值得交往的好人。因此，赞美对方要实在，要顾及对方的感受，否则就会祸从口出。

玫瑰花十二：使别人觉得重要

经常提到。间接赞美就是当事人不在场时当着第三者的面赞美当事人，这种背后的赞美若被第三者传给当事人，更能让当事人感到你对他的赞美是诚挚的，更能增强赞美的效果。即便你背后的赞美不能传达给当事人，第三者也会因你在背后赞美别人而不是诽谤而欣赏你的人品，对你更加敬重。同样的赞美，间接的赞美比直接赞美的效果要好得多。当面获得他人的赞美是件愉快的事情，但常常会被对方视作社交辞令，而经由他人转告的赞美通常会得到被赞美对象的充分重视。因为我们相信别人在背后对我们做出的评价更能体现他内心真实的想法，而且间接的赞美，还意味着第三者甚至更多的人也听到了同样的赞美，自己的优点被更多的人所了解，赞美的力量就被扩大了许多倍。

王明去图书馆的路上遇到一位朋友和他的妻子散步，朋友见到后，扭头对妻子说：这就是我经常给你提到的王明大哥，事业有成，还经常去图书馆看书。一句经常提到，王明记了十年。

缺你不可。张、李是两个单位的人，他们得了同样的病。老张单位工会的人来探病说，你不要担心，你的工作有小王接手在做，你好好养病。老李单位工会的人来探病说，缺了你，你们部门都忙得不行了，没人做得了你的工作，快养好病吧。结果老张走了，老李好了。

幸亏有你。佳佳给空调室外机装罩，让妈妈帮忙抓住自己的腿。装好了，他跟妈妈开玩笑，故意一闪，妈妈紧紧抓住他的腿。他说："妈，幸亏有你，要不然我就掉下去了。"妈妈很高兴地说："那可不是，关键时刻还得看老妈。"其实佳佳知道自己要是真掉下去，他妈妈哪里抓得住啊。

归功于你。国外一位演讲大师讲述了这样一个故事，给我印象很深刻。一天清晨，罗伯茨打开窗户往外观望，看见一个瘦骨伶仃的12岁男孩正在挨家挨户推销书。男孩正朝这边走来。罗伯茨转身对太太说："看看我给这男孩上一堂销售课。毕竟，这么多年来，我教人际沟通课在全国演讲，应该给他分享一下。我不想伤害他的感情，但我得在他明白之前搞定他。我用这种技巧已有几年，每次都管用。然后，我会把他叫回来，告诉他如何跟我这样的人打交道。"罗伯茨太太看到12岁的男孩来敲门了。

罗伯茨先生开了门，迅速地解释说自己是个大忙人。他对买书没有丝毫兴趣。可是，他说："我只能给你1分钟时间，因为我得去赶飞机。"小推销员并没有被罗伯茨的拒绝吓倒。他只是注视着这位身材高大、头发灰白、相貌高贵、有名而且相当富有的男士，然后说："先生，你就是大名鼎鼎的罗伯茨先生吗？"对此，罗伯茨先生回答："是的。进来吧，孩子。"他从小家伙手里买下了几本他可能永远都不会读的书。这个男孩掌握了让别人感到重要的法则，用起来立刻见效。这是一种即使是富人、名人、有权有势的大人物也无法抗拒的偷心手段。

我常在讲课时，谈到魅力一词，谈到魅力时，归根结底在于：没有魅力的人走进人群里，说："我来啦！"有魅力的人走进人群里，说："你们都在这里啊！"这一点，每个人都可以学会并做到。

在社会交往中，懂得适时地赞美别人，并且运用恰当的策略增强赞美的效果，能够有效地维护对方的自尊心，令对方感到满足、开心。适时适当地运用赞美这把利器，你会发现人们是多么尊重与欢迎你，你会因此结识许多朋友，为自己的人际交往增加很多贵人。与我们本来应有的成就相比较，我们不过是半醒着。我们现在只利用了我们身心资源的一小部分。

广义地说，人类的个体就这样生活着，远在他应有的极限之内，他有着各种力量，但从未被利用过。是的，在读这几句话时都具有各种力量，只是我们不会利用，这些极少应用的力量，其中一种就是称赞别人，激励并认识他人可能拥有的神奇能力。所以，如果你要说服他人，那就称赞他人的每个进步，即使这个进步十分微小。

有位女同学是职场高管，在工作中说话直来直去，从来不关心别人的感受，经常莫名其妙地得罪人。在生活中，她高标准要求另一半及孩子，导致另一半不敢参与家庭的决策及育儿事项，生怕哪里做错招来她的一顿数落。尽管她非常"用力"地工作和生活，但是幸福感却很低。

偶然的机会，她来到我们公司报了沟通课程，学习了沟通技巧、亲密关系、性格色彩等。她把这些知识点先用来改变自己，调整自己性格，学会赞美，口吐玫瑰花。在工作中利用沟通技巧，跟老板的沟通越来越顺畅，学会什么时间，什么地点，跟老板怎么说话，很快实现了升职加薪。

在生活中，她跟先生做好分工，经过一番"花言巧语"，成功把自己最讨厌的孩子的教学任务交给了先生。先是赞美先生北大名校毕业，学霸，有学识，有经验，有技巧，在孩子的教学过程中取得一点点的成绩就不停地夸赞先生，让他有成就感。先生被夸得越来越有信心和激情，不断挑战孩子的教学难度，经过一年的不断夸赞，现在开始挑战孩子的奥数教学了，计划下半年开始英文教学。

这位女同学学会运用语言技巧之后，生活和工作都变得非常轻松，不需要那么用力也能达到比之前更好的效果。先生看到太太如此大的变化，从以前不支持学习的态度，到积极鼓励太太去学习。可见赞美的威力是多么大，不仅亲密关系越来越棒，孩子的学习也越来越好了。还得到了爱人对自己外出学习的支持。实在太美好太幸福了！

因此，我们可以领悟到爱的语言——赞美可以获得良好的人际关系，良好的人际关系不是从天上掉下来的，而是靠个人努力经营出来的，人际关系好的人，走到哪里都受欢迎，都被接纳和需要，能做出一番成就，能帮助和影响更多的生命，让更多的生命之花绽放光彩。因此，他的生命品质也就相对较高。

所以，我常在课堂上讲，关系的品质决定生命的品质，想要拥有有品质的生命从经营良好的人际关系开始！

※ 黄伟君　方泽军

沟通，是职场最重要的软实力

在现代职场中，拥有出色的沟通能力已经成为一个人最基本的职业素养之一。不论是在面试、工作，还是日常交往中，沟通能力都能起到决定性的作用。一个人的沟通能力不仅关系到个人的工作表现和个人形象，也关系到整个团队的协作效率和公司的运营效果。因此，对于职场人士来说，提高自身的沟通能力是至关重要的。

在职场中，沟通不仅指语言的表达，还包括了语音、肢体语言、文字沟通等多个方面。良好的沟通能力需要聆听能力、语言表达能力、思考能力、反应能力等多方面的综合素质，而这些素质往往需要在平时的学习、工作和生活中不断地积累和提升。通过积极参与工作、与同事交流沟通、参加培训学习等方式，我们可以逐渐提高自身的沟通能力，并且在职场中获得更多的成功和机会。

在职场中，沟通能力的重要性不容忽视。无论是面试、工作还是晋升，优秀的沟通能力都能够帮助我们更好地表达自己，更好地与他人协作，更好地完成自己的职业目标。因此，我们需要不断地加强自身的沟通能力，提高自己的职场软实力，为自己的未来职业发展打下坚实的基础。

今天就为大家提供一些有效提升沟通力的方法。

倾听和理解

在职场中，沟通是非常重要的技能之一。而在沟通中，倾听和理解也是非常重要的因素。许多人认为他们擅长沟通，但在实际中，很多时候他们并没有真正倾听和理解对方的意见或需求。这会导致信息丢失、误解和冲突的发生。

倾听是指全神贯注地听对方说话，而不是只是听到声音。倾听需要注意对方的语言、声音、语调、肢体语言等细节。通过倾听，我们可以更好地理解对方的需求、问题和感受，从而更好地解决问题和有效地沟通。

理解是指理解对方的立场和观点，而不是只关注自己的立场。理解需要我们设身处地地想象对方的感受和需求，尊重对方的想法，并试图找到一个双方都可以接受的解决方案。

在职场中，倾听和理解是成功沟通的关键。通过倾听和理解，我们可以建立信任、避免误解和冲突，并且更好地解决问题。因此，职场中的每个人都应该注重倾听和理解的技能，并将其作为沟通力的核心。

我的学员曾分享过这样一个案例，某公司小王接到了一个供应商的电话，对方表示他们的公司有一个非常棒的产品想要与公司合作推广。小王听到对方介绍的时候非常兴奋，以为这个产品会非常受市场欢迎。于是他立刻和对方商量合作事宜，并且在公司内部也迅速推动了这个项目的启动。

然而，当这个产品推向市场后，销售情况却非常糟糕。很快，小王意识到这个产品根本不符合公司的市场定位和目标客户群体。他感到很奇怪，明明对方介绍的时候这个产品很棒，怎么会这样呢？于是他又去找对方了解情况，对方才告诉他，其实这个产品是针对中年人群体的，而不是公司一直在追求的年轻人市场。

如果小王在接到电话的时候能够更加耐心地倾听对方介绍，并且询问清楚这个产品的市场定位和目标客户群体，他就不会在公司内部推动这个项目，并且浪费公司的时间和资源，也不会导致市场销售失利的结果。

在另一个同学的案例中,某公司在推进一项新的市场营销计划时,由于团队成员对于新计划的执行方法意见分歧较大,一度出现了无法取得一致意见的状况。团队领导人意识到,这是因为在前期的讨论中,大家只是单纯地陈述自己的看法,而没有认真倾听和理解别人的想法。

为了解决这一问题,领导人决定组织一个团队讨论,每个人轮流发言,谈论自己对新计划的看法,并指出其他人看法中的优点和不足。这样的讨论方式让每个人都有机会表达自己的想法,同时也更能理解和欣赏其他人的观点。

在倾听和理解彼此的观点后,团队成员发现各自的看法并不是对立的,而是可以互补的。经过协商和调整,最终制订了一份新的市场营销计划,得到了领导层的认可,并在市场上获得了成功。

"倾听和理解"是一个不可或缺的方面,因为它可以帮助你更好地与他人沟通、避免误解和产生更多的想法。以下是三个具体行动方法,帮助你在职场中提高"倾听和理解"能力。

1. 主动询问问题。

在职场中,人们经常忙于自己的事情,很少花时间考虑他人的观点和需求。因此,主动询问问题是一个极其重要的倾听技能,能够让你更好地理解别人的需求和想法。例如,你可以问:"你能具体解释一下你的想法吗?"或者,"你是怎么考虑这个问题的?"通过这些问题,你可以更好地了解别人的立场和思考方式。

2. 给予反馈。

倾听不仅是关注对方的话语,还包括回应他们的话语。在职场中,给予反馈是一个极其重要的技能,因为它可以让别人知道自己的话语被听到和理解。当你给予反馈时,可以简单地重述对方的话语,然后确认自己是否正确地理解了他们的立场和需求。这可以让对方感到被尊重和重视。

3. 保持专注和专业。

在职场中,保持专注和专业是一个非常重要的倾听和理解的技能。当你和别人交流时,你必须保持专注,避免分心和打断。你还必须保持专业,避免对话中出现情绪化或偏见。通过保持专注和专业,你可以让对方感到被尊重和信任,从而更好地与其建立合作关系。

总之,"倾听和理解"是职场中非常重要的技能。通过主动询问问题、给予反馈和保持专注和专业,你可以更好地与他人沟通,减少误解和提高工作效率。

非语言沟通

有效的非语言沟通指的是通过身体语言、面部表情、声音、姿态、动作等非语言方式传达信息和感情的沟通方式。非语言沟通可以弥补语言上的不足，增强表达效果，从而更好地传达意图和情感。在职场中，非语言沟通常常被低估，但它实际上是与语言沟通同等重要的沟通形式，甚至有时更加强大，影响力更深远。

某公司的销售经理小王面临一个客户遇到技术难题的问题，导致他们的订单无法按时交付。小王花费了一些时间研究这个问题，并且通过邮件联系了他们的技术部门。但是，由于双方的时间安排不同，邮件往返时间过长，这个问题始终没有得到解决。

小王很着急，因为他的客户对订单的交付时间十分敏感。在一次电话沟通中，小王决定尝试使用一些非语言沟通技巧来促进问题的解决。他打开视频会议，与技术部门和客户代表一起召开了一个虚拟会议，同时还准备了一些简单的草图和演示文稿帮助大家理解问题。

在这个虚拟会议上，小王充分利用了他的肢体语言和面部表情传达了他对这个问题的重视，以及解决这个问题的紧迫性。他还非常聚焦地引导每个人参与讨论，鼓励他们共同探讨解决方案。通过这种方式，小王建立了一个非常成功的非语言沟通环境，帮助客户和技术部门更好地了解了对方的观点，最终达成了一个解决方案，成功地解决了客户的问题。

这个案例说明，在职场中，有效的非语言沟通可以帮助人们更好地建立联系，理解对方，并最终达成共同的目标。尤其是在跨部门、跨文化和跨国际的交流中，非语言沟通尤为重要。对于职场中的每个人来说，学会有效的非语言沟通技巧是一个必要的技能，它可以提高个人和团队的沟通效率和合作能力。

这里给大家分享几条具体的"非语言沟通"技巧。

1. 使用身体语言：身体语言是一种非语言沟通，它可以弥补语言沟通中的不足。例如，面带微笑可以表达友好和愉快的心情，而沉默可以表达不满或不信任的情绪。身体语言可以增强你的表达力和影响力。

2. 使用肢体动作：在职场中，肢体动作可以起到增强对话的效果。例如，手势可以强调某些重点，点头可以表达赞同，摇头则表示不同意。正确地使用肢体动作可以让你的讲话更加生动、有趣，并更好地传达你的观点。

3. 使用视觉沟通：视觉沟通是通过图像、图表和其他视觉元素来传达信息。使用视觉沟通可以帮助你更好地表达观点和思想，使你的信息更加生动和具有说服力。

4. 使用文字沟通：在职场中，文字沟通也是一种非语言沟通方式。在写邮件或报告时，你可以通过字体、排版、颜色等方式，使你的文字更有说服力、更易阅读。

5. 使用音乐和声音：音乐和声音是一种非常有用的非语言沟

通方式。在职场中,音乐可以用来创造舒适的工作环境,提高团队的凝聚力,声音可以用来传达强烈的情绪和观点,提高讲话的吸引力。

6. 了解对方的文化背景:在跨文化沟通时,了解对方的文化背景可以帮助我们更好地理解其言行举止。比如,在一些文化中,直接的目光接触可能被视为挑战或不尊重,而在其他文化中则是表示尊重和信任的方式。

7. 利用科技手段:在现代化的职场中,利用科技手段也是非常重要的非语言沟通方式。比如,在沟通中使用电子邮件、即时通信工具或视频会议等,可以增强跨地域和跨时区沟通的效果。

反馈和建议

在职场中,反馈和建议是一种重要的沟通形式,它们用于向同事、下属或上级提供关于工作表现的反馈,以及关于如何改进和提高工作表现的建议。反馈和建议可以帮助员工了解自己在工作中的表现如何,以及如何在职场中取得成功。

反馈是指针对员工表现的评价,可以是正面的或负面的,目的是提供反馈者对员工工作表现的观察和感受。建议是指针对员工表现的建议,用于改进员工的工作表现,以达到更好的工作结果。

职场中的反馈和建议是一种双向交流，既可以来自上级向下属，也可以来自下属向上级，同时还可以在同事之间进行。反馈和建议应该是积极的，富有建设性的，而不是批评性的或攻击性的。

在职场中，反馈和建议是非常重要的，因为它们可以帮助员工改进和提高工作表现，同时也可以增强团队的凝聚力和合作精神。当反馈和建议得到有效的应对时，它们可以成为推动职场成长和发展的重要因素。

在某个公司中，经理 Mark 一直对下属的工作表现非常挑剔，从来没有对他们的工作做出过肯定或赞赏，导致团队士气低落。一位员工，名叫 Alice，意识到这个问题后，决定给 Mark 提出一些建议。

一天，Alice 在开会时向 Mark 提出了她对团队表现的看法。她告诉 Mark，团队需要更多的正面反馈和赞赏来保持积极性。她还指出，Mark 总是强调员工的缺点，而忽略了他们的长处，这让员工感到被忽视和无力。

Mark 听了之后，有些不悦。他说，他没有时间夸奖每个人，因为他有太多的工作要做。他认为员工应该能够自我激励，并不需要经常得到正面反馈。

Alice 并没有放弃，她接着解释说，肯定和赞赏并不需要花费太多时间和精力。简单地称赞一下员工，或者让他们知道自己的工作得到了认可，可以激励他们更努力地工作。她还建议 Mark 可以尝试一些简单的举措，如每周在团队会议上点名表扬一位员工，或者将员工的优秀表现写进公司内部的新闻稿中，以此来鼓励和表扬员工。

Mark 对这些建议不置可否，他表示会考虑一下，并继续进行会议。但是，在接下来的几个月中，Mark 并没有采取任何举措给员工提供更多的正面反馈和赞赏。团队的士气继续低落，员工的工作热情逐渐消退，导致整个团队工作效率下降。

最终，团队的表现下降到了危险的地步。公司高层开始对这个团队的表现感到担忧，并对 Mark 进行了调查。在调查中，Alice 提供了对话记录和她的建议，证明她曾经多次向 Mark 提出了问题，并提供了解决方案。Mark 因未能改善团队表现而被公司解雇，而 Alice 则因为她的坚持和建议获得了晋升。

这是我们学员曾经的真实经历，可以看出，"反馈和建议"对职场沟通的重要性，那具体我们可以怎么做呢？

1. 诚实和坦率：不要隐瞒问题或做出虚假的陈述。只有当你对问题做出真实和坦率的描述时，对方才能理解你的意见并做出改变。

2. 尊重个人隐私：在提供反馈和建议时，应尊重个人隐私。避免公开批评或揭露个人信息，而是在私下里与他们讨论问题。

3. 提供具体的例子：用具体的例子来支持你的意见。这有助于对方更好地理解你的观点并帮助其在改进时更加具体和实际。

4. 着眼于行为而不是个人：尽量不要把反馈和建议与人联系在一起，而是着眼于行为和结果。这可以避免对方感到被攻击或针对个人，而不是他们的行为。

5. 遵循"肯定—建设性—肯定"的模式：在提供反馈和建议时，遵循"肯定—建设性—肯定"的模式。首先，肯定对方所做的一些事情。其次，提供一些建设性的建议和改进意见。最后，再次肯定他们的工作和努力。

6. 给出具体的建议：当提供建议时，确保建议是具体的，实际可行的。提供太过笼统或不切实际的建议可能会使对方感到困惑或无所适从。

我们还有一位学员曾分享过一个案例，在公司里，李小华是一位一直表现优秀的年轻员工。他在项目管理上非常有经验，也总是很乐意帮助其他团队成员。然而，最近他的领导张经理注意到他有一些值得改进的地方。因此，张经理决定安排一次反馈会议，以帮助他改善自己的表现。

在这次反馈会议上，张经理先表扬了李小华的出色表现，并表示公司非常欣赏他的工作态度和付出。但是，张经理也指出了一些他需要改进的问题。比如李小华在项目管理上过于独立，与其他团队成员不够合作；在团队讨论时，也没有尽力倾听和理解其他人的观点。

李小华非常感激张经理给他提出这些宝贵的反馈和建议。他认真聆听了张经理的意见，并在会议结束后写下了他们的讨论内容和张经理建议的改进方法。

接下来，李小华开始了自我反思，并决定采取措施进行改进。他开始更多地参与团队讨论，并更多地与其他成员合作。他也采取了一些措施来更好地倾听和理解其他人的观点，例如，提出问题以帮助理解对方的想法，并给予认可和鼓励。

几周后，张经理与李小华再次见面，并注意到他的表现得到了很大的改善。他现在更积极地参与团队会议，与其他成员合作更多，并在决策和问题解决过程中更注重倾听和理解其他人的想法。他的领导对他的改进表示赞赏，并认为他正在成为一名更出色的领导者和团队成员。

这个案例表明，正面的反馈和建议可以帮助员工更好地理解自己的问题和潜在的机会，并通过改进自我来实现个人和团队的成长。

最后总结一下，关于"反馈和建议"：第一，时机选择要得当；第二，态度要诚恳真挚；第三，具体问题要指明；第四，建议要有可操作；第五，多些赞美和鼓励。

在现代职场中，拥有出色的沟通能力已经成为一个必要的条件。职场中的人际交往，从根本上来说就是一种沟通。在这样一个高度竞争的环境中，沟通能力对于一个职场人来说至关重要，它甚至可以左右一个人的事业。因此，不断提升沟通能力已经成为一项必备的技能。通过倾听和理解、有效的非语言沟通以及反馈和建议等方法，我们可以在职场中顺畅地与他人进行交流，更好地完成工作任务，实现个人发展。

在职场中，好的沟通能力可以让我们更好地与同事、领导和客户交流。它可以帮助我们建立信任和良好的人际关系，从而让我们更容易地得到别人的支持和帮助。而沟通不良，则会让我们与同事之间产生误解和矛盾，影响工作效率和职场氛围。

在职场中，每个人都应该注重自身沟通能力的提升。通过认真倾听和理解他人，我们可以更好地把握对方的需求，从而在工作中更好地完成任务。而有效的非语言沟通则可以增强我们的表达能力和沟通效果。在反馈和建议中，我们可以通过恰当的方式和方法，来向别人传达自己的意见和看法，从而帮助自己和他人更好地提升。

因此，在职场中，不断提升自身沟通能力是至关重要的。只有不断学习和实践，才能让自己的沟通能力得到进一步提升。同时，在日常工作中，我们也需要注重倾听和理解他人，注重有效的非语言沟通以及恰当的反馈和建议等，才能真正地提高自己的职场软实力，成为一名更优秀的职场人。

※ 张 龙

管理者最重要的能力就是共识力

在当今竞争激烈的商业环境中，管理者的成功不再仅仅依赖于单一的领导能力。管理者需要具备一项关键的能力，即共识力。管理者的共识力是指他们在组织中与员工、团队以及其他利益相关者建立共识和合作的能力。它是推动团队合作、协调和理解的关键要素，能够促进组织的发展和成功。

共识力的实质在于管理者通过有效的沟通和领导技巧，建立各方之间的共识和理解，以实现共同的目标和利益。在这个过程中，管理者需要具备多方面的能力和技巧。

首先，良好的沟通能力是管理者共识力的基石。他们应该能够清晰地表达自己的意图和期望，同时倾听他人的观点和意见。有效的沟通可以建立共同的理解和信任，为共识的形成打下坚实的基础。

其次，管理者需要展现出卓越的领导技巧。他们应该能够激励和激发团队成员的积极性和合作精神，引导团队朝着共同的目标努力。此外，管理者还应具备公正和包容的态度。他们应该尊重和重视每个团队成员的观点和贡献，鼓励不同意见的交流和辩论，以达成共识而非简单地强行推动个人意见。

解决问题的能力也是管理者共识力的重要组成部分。管理者应具备识别和分析团队面临的挑战，并与团队成员合作找到解决方案的能力。他们应该引导讨论和决策的过程，确保每个人都参与其中，并共同承担决策的结果。

此外，建立信任也是管理者共识力的关键要素。管理者需要通过言行一致、诚实守信的行为来赢得团队成员的信任。当员工相信管理者是为了共同的利益和目标而行动时，他们更愿意与管理者合作，形成共识。

梅子是一家中型公司的高级经理，一直以来她都是一个出色的领导者，因为她深知管理者最重要的能力是共识力。有一天，公司面临一项重大决策，即是否启动一项风险投资项目。这个项目有巨大的潜力，但也存在风险和不确定性。

在开会讨论这个决策时，公司内部意见分歧严重。一些团队成员强烈主张冒险尝试，相信项目的成功会给公司带来巨大的利润增长。然而，另一些人则担心投资失败的风险，并提出了更保守的观点。会议陷入了僵局，争论激烈，无法达成共识。

梅子察觉到这个问题，并意识到她需要发挥自己的共识力来推动决策的达成。她决定采取一种不同的方法，倾听每个人的观点，包括那些与她意见相左的人。

她组织了一系列小组讨论和个人会谈，倾听每个人的担忧和观点。她积极与团队成员沟通，并尊重他们的意见。梅子还组织了一个专门的工作坊，邀请专业人士分享相关经验和成功案例，以激发大家的创新思维。

通过这些努力，梅子逐渐建立了信任和合作的氛围。团队成员开始更加开放地交流，并共享彼此的见解。他们开始发现，尽管意见不同，但大家都希望为公司的成功贡献自己的力量。

最终，在梅子的引导下，团队达成了共识。他们决定启动这个风险投资项目，但制定了详细的风险管理计划和控制措施，以最大限度地减少潜在风险。整个公司团结一致，为项目的成功努力。

在上述案例中，梅子作为一位出色的领导者，运用了多种管理者的共识能力推动决策的达成。

沟通能力：梅子倾听每个人的观点，并与团队成员进行小组讨论和个人会谈。她积极与他们沟通，表达自己的意图，并尊重他们的意见。

领导技巧：作为高级经理，梅子展现出卓越的领导技巧。她组织了专门的工作坊，邀请专业人士分享经验和成功案例，以激发团队成员的创新思维，并引导团队走向共识。

公正和包容：梅子尊重并包容与她意见相左的人。她给予每个人平等的机会表达自己的担忧和观点，鼓励不同意见的交流和辩论。

问题解决能力：梅子组织了小组讨论和个人会谈，以便全面了解团队成员的观点和担忧。她运用自己的问题解决能力，帮助团队找到平衡利益和风险的方案。

建立信任：通过倾听和尊重团队成员的意见，梅子逐渐建立了信任和合作的氛围。这使得团队成员能够更加开放地交流，并愿意共享彼此的见解。

通过运用这些共识能力，梅子成功地推动了决策的达成。她促进了团队成员之间的合作和理解，最终达成了共识，并制定了详细的风险管理计划和控制措施。这展示了梅子作为管理者在共识力方面的出色能力。

某个公司的高级经理杰克一直以来都面临着职场挫败，主要原因是他缺乏共识力。他在团队中经常遇到合作困难和决策障碍，导致项目延迟和目标无法实现。

在一次重要的市场推广决策中，杰克的团队成员意见分歧严重。会议室里气氛紧张，团队成员各自坚持己见。杰克却显得不耐烦，不断打断他人的发言。

团队成员之一的艾米莉——一位有经验的市场营销专家，试图提出她的观点:"我认为我们应该在推广活动中注重社交媒体的影响力,因为这能更好地接触到我们的目标受众。"

然而,杰克立即打断了艾米莉的话:"不,我们应该专注于传统媒体广告,那才是最有效的方式。我们不需要在社交媒体上浪费时间和资源。"

这种强硬和不尊重他人意见的态度使得会议室里的气氛更加紧张。艾米莉感觉受到冷落,其他团队成员也开始不敢发表自己的意见。

在过去的几个项目中,杰克经常忽略团队成员的建议,并将自己的意见强加于人。他很少与团队成员进行一对一的交流,也没有主动寻求他人的反馈。

杰克缺乏共识力导致团队的分裂和合作的瓶颈。项目推进的停滞和目标的未实现,开始让团队成员失去对他的信任和尊重。

艾米莉感到沮丧,她私下与同事交流时表示:"我们团队的合作和创造力受到了限制。杰克总是只关注自己的观点,不愿意听取其他人的意见。我们的声音无法被真正地听到和尊重,这让我们感到被忽视。"

团队中的另一位成员詹姆斯,也表示了自己的失望:"我希望我们的经理能够更好地引导团队,促进合作和共识的形成。但杰克似乎只关注自己的利益,而不顾及整个团队的需要。"

这种缺乏共识力的情况最终导致了杰克的职场挫败。他的项目没有取得成功,团队成员的士气和参与度逐渐下降。他的上级对他的绩效感到失望，并开始考虑对他的职位进行调整。

所以在职场中，管理者若要取得成功，必须具备良好的共识力。共识力不仅能帮助管理者建立团队合作和协作的氛围，还能促进团队成员的参与和投入。下面将介绍一些在职场中使用共识力的具体方式和技巧，以帮助管理者更好地引导团队、推动决策并实现共同目标。

接下来，我们将探讨以下几个关键方面：积极倾听、开放性沟通、尊重他人观点、激发创新思维和建立合作关系。这些技巧将有助于管理者在面对分歧和挑战时，促进团队的共识形成，确保每个人都能发表意见并参与决策过程。

积极倾听

给予专注和关注：保持专注与眼神接触

在与团队成员交谈时，管理者应保持专注并与对话者进行眼神接触，以展示对他们的关注。例如，当团队成员小李分享她的想法时，领导者王经理停止其他任务，与她进行眼神接触，并展示出专注的姿态。

提问并澄清：通过提问进一步理解

积极倾听不仅包括听取他人的发言，还包括提出问题以澄清信息。例如，当团队成员小张分享一个新的观点时，领导者杨经理可能会提出问题，以确保对小张的观点有准确的理解。

使用肢体语言和非语言反馈：展示兴趣和共鸣

通过肢体语言和非语言反馈来展示积极倾听的态度。例如，领导者刘经理可以通过点头示意、微笑和保持开放的身体姿势来表达对团队成员的兴趣和共鸣，从而鼓励他们继续分享观点。

推迟评判和回应：给予充分表达的机会

在对话过程中，避免立即评判或反驳对方的观点。例如，团队成员小王可能会提出一个与团队其他成员不同的观点，领导者张经理会推迟评判和回应，给予小王充分表达的机会，以更好地理解她的观点和意图。

通过运用这些积极倾听技巧，管理者可以有效地与团队成员建立联系，增强互信，促进共识的形成。这有助于改善沟通和决策过程，并最终提升整个团队的绩效和成果。

开放性沟通

建立信任和安全感：创造开放、包容的工作环境

在团队中，管理者可以建立信任和安全感的氛围，让团队成员敢于自由表达意见和观点。例如，团队成员小明在会议上提出

了一个与传统方法不同的解决方案，领导者张经理鼓励他分享想法，并保证团队成员不会受到任何批评或指责。

鼓励积极的反馈：寻求建设性意见

管理者应该积极寻求团队成员的反馈，包括正面和负面的意见。例如，团队成员小红对当前的工作流程提出了一些建议，领导者李经理鼓励她继续分享并表达对她建议的欣赏，这样可以促进良好的沟通并改进工作流程。

倡导坦诚和透明：分享信息和决策背景

管理者应与团队成员分享信息和决策的背景，保持透明度。例如，当管理者王经理做出重要决策时，他会召开团队会议，向团队成员详细解释决策的原因和影响。这样的做法有助于建立信任，并促进开放性的沟通氛围。

善于倾听和接纳不同观点：尊重多样性

管理者应保持开放的心态，倾听和接纳不同的观点和意见。例如，当团队成员 Anna 提出了一个与大家不同的观点时，领导者 Tom 倾听并表达对她观点的尊重，鼓励她继续分享更多想法。这样的开放态度有助于促进多样性和创新。

通过运用这些开放性沟通技巧，管理者可以建立良好的沟通氛围，促进团队成员之间的相互理解和合作。开放性沟通有助于解决问题、推动决策的形成，并建立团队的合作关系和凝聚力。这将为团队的成功和整体绩效做出重要的贡献。

尊重他人观点

倾听并表示理解：给予充分的时间和空间

管理者应积极倾听他人观点，给予其充分的时间和空间表达自己的想法。例如，当团队成员 Amy 提出一个新的项目建议时，领导者 David 主动停下手中的工作，专注倾听并表示对她观点的理解。这种倾听和理解的姿态增强了 Amy 的信任感，促进了积极的工作关系。

避免中断和批评：尊重发言权

在他人表达观点时，管理者要避免中断或过早批评。例如，当团队成员 John 正在讲述他的想法时，领导者 Lisa 等待合适的时机，而不是中途打断或批评他。这种尊重发言权的做法展示了对 John 观点的尊重，有助于建立开放的沟通氛围。

采取开放的态度：接纳多样性

管理者应保持开放的心态，接纳多样性，并相信每个人都有独特的见解和经验值得被尊重和听取。例如，当团队成员 Sophia 提出与传统方法不同的解决方案时，领导者 Michael 以开放的态度对待，鼓励她继续探索这个想法。这种开放的态度促进了创新和团队成员之间的信任。

寻求共同点和共识：重视共同目标

当与他人的观点相冲突时，管理者应努力寻求共同点和共识。例如，团队成员 Emma 和 Jack 在项目决策中意见不合，领导者 Sarah 鼓励他们共同关注项目的最终目标，并促进他们找到一个能够满足双方需求的解决方案。这种寻求共同点和共识的做法加强了团队的合作和协作。

通过运用这些尊重他人观点的技巧，管理者可以建立良好的工作关系和团队合作。这将提升沟通和决策的效率，增加团队成员的参与度和归属感，从而实现共同的目标和取得更好的工作成果。

激发创新思维

创造开放和包容的环境：鼓励自由表达

为了激发创新思维，管理者可以创造一个开放和包容的工作环境，让团队成员敢于自由表达和分享新的想法。例如，Sarah 是一个团队领导者，她定期组织创意分享会，鼓励团队成员提出任何与项目相关的创新想法。通过创造开放和包容的环境，Sarah 成功地激发了团队成员的创新思维，促进了项目的进步和改进。

提供支持和资源：鼓励追求创新

管理者可以为团队成员提供所需的支持和资源，以鼓励他们追求创新。例如，Tom是一个部门经理，他经常与团队成员合作，为他们提供技术工具和培训，以帮助他们开展创新项目。通过为团队成员提供支持和资源，Tom成功地激发了团队成员的创新思维，推动了新产品的开发和市场推广。

鼓励试错和学习：从失败中成长

激发创新思维需要管理者鼓励团队成员进行试错，并从失败中学习。例如，Alex是一位创业公司的创始人，他鼓励团队成员放手尝试新的想法和方法，并鼓励他们从失败中吸取教训。通过鼓励试错和学习，Alex帮助团队成员激发出敢于冒险和创新的心态，推动了公司的创新和发展。

提供挑战和激励：激发创造力

管理者可以给团队成员提供具有挑战性的任务和目标，以激发他们的创新潜力。例如，Jessica是一个项目经理，她将团队成员分配到一个复杂的项目上，以鼓励他们挑战传统的解决方案，寻找创新的解决途径。通过提供挑战和激励，Jessica激发了团队成员的创造力，获得了项目的成功。

通过运用这些激发创新思维的技巧，管理者可以为团队创造一个富有创新力的环境，推动团队成员的创造力和想象力。这将为组织带来新的机遇和竞争优势，促进公司可持续的发展和成功。

建立合作关系

当在职场中建立合作关系时，管理者可以使用以下关键技巧。

主动倾听与理解：培养倾听习惯

在职场中建立合作关系的关键之一是主动倾听并理解团队成员的意见和需求。管理者可以培养倾听习惯，积极倾听他人的观点和想法，展示出对他们的关注和理解。例如，Alice是一个团队的领导者，她定期组织一对一会议，专注倾听团队成员的问题和挑战。通过倾听并理解团队成员的需求，Alice能够建立与团队成员之间的良好合作关系，提高团队的凝聚力和工作效率。

倡导开放和透明的沟通：打开沟通渠道

在职场中，建立开放和透明的沟通环境是促进合作关系的关键。管理者可以积极倡导开放和透明的沟通，鼓励团队成员坦诚地表达想法和意见。例如，Ben是一个项目经理，他组织团队会议时，鼓励成员分享自己的观点和建议。通过开放和透明的沟通，Ben能够激发团队成员的积极性和创造力，促进团队的合作和创新。

共同目标与愿景：明确共同的方向

建立共同的目标和愿景是促进合作关系的重要因素。管理者与团队成员共同确定明确的目标和愿景，确保每个人都明白自己在团队中的角色和贡献，并明确个人与整体目标的关联。例如，Chris 是一个部门经理，他与团队成员一起制定了一个共同的项目目标，并明确了每个人在项目中的角色和责任。通过建立共同的目标和愿景，Chris 能够激发团队成员的合作意识和奋斗精神，推动项目的成功。

促进团队合作：营造合作文化

促进团队合作是建立合作关系的关键策略之一。管理者可以鼓励团队成员之间的合作和互助，营造团队合作的氛围。例如，David 是一个团队领导者，他鼓励团队成员进行跨部门的合作项目，并提供必要的支持和资源。通过促进团队合作，David 能够促使团队成员之间的协作和协调，实现更高效的工作效率。

这些技巧的运用能够帮助管理者在职场中建立积极的合作关系，提高团队的凝聚力、协作性和工作效率。

通过以上的方法和技巧，希望你也可以提升共识力。共识力被视为管理者在职场中最为重要的能力，它不仅是有效领导团队的关键，也是推动组织发展与成功的引擎。通过理解、尊重和包容他人的观点，管理者得以建立信任、促进合作，最终实现团队内部的共识与共同目标的达成。共识力的实践离不开开放性沟通、尊重他人观点和积极倾听等一系列技巧的运用。只有持续不懈地努力和实践，管理者方能不断提升共识力，展现出卓越的领导才华。因此，培养和发展共识力对于每位管理者来说至关重要，它将为团队的蓬勃发展与组织的繁荣做出卓越贡献。凭借共识力的引领，管理者将开启成功之门，与团队携手共创辉煌。

※ 赵 璧

企业家是首席演讲官

每一个企业，都是由大大小小的故事构成的。一个生机勃勃、欣欣向荣、有愿景、有使命的企业，一定会有很多美好的故事。有的故事已经发生，或许很艰苦，或许很凄惨，或许很骄傲，或许很美妙，但它是一串串的回忆。有些故事可能还未发生，是我们的憧憬，是我们的想象，是我们的愿望。

作为企业家，要善于把这些故事梳理出来，把这些故事讲出来，把这些故事分享出来。从某种程度上来讲，这就是企业文化。做企业就是做文化，文化是企业真正的基石。作为企业家，就应该把这样的文化故事讲出来，传播出去，讲给管理团队听，讲给所有的员工听，讲给所有的客户听。

讲我们的故事是非常精彩的，讲我们的品牌故事、创业故事,企业家为什么会做这样的企业?为什么会打造这样的商业模式?为什么会做出这样的产品?讲自己的愿景、使命,我究竟想把这样的企业带到哪里?走多远、走多久?你希望通过全体员工的努力,打造出怎样一个场景、一个愿景,那是一个多么美妙的画面,为了实现这样的愿景、使命,我们要做怎样的战略规划、部署,我们做什么,不做什么,能做什么,做好什么?

在实现战略目标的路上,我们会遇到胜利,也会遇到失败,如何去鼓舞我们的战士,鼓舞我们的队友,激发他们的斗志,让大家继续义无反顾地向目标冲刺,这些都是企业家朋友应该去讲,责无旁贷的,义不容辞的。

我在华为工作过七年,那是刚刚大学毕业后的七年,那个时候对企业文化懵懵懂懂,但是和所有的年轻人一样,我们都爱听故事,我们都会被奋斗的故事深深地吸引,默默地想成为故事里的主人公,想成为在企业发展中做出突出贡献的那一个人。

华为的故事真的是非常精彩,我们听到过"床垫的故事",研发办公室的角落都是床垫,中午哪怕眯20分钟或半个小时,都能够给下午带来充沛的精力,所以在研发办公室里全是床垫。我们还听过"烧不死的鸟是凤凰",市场部集体大辞职,自己没干好,重新竞聘上岗,让更适合的人在更适合的岗位上。

我们还听过任总在深夜为大家煮面条的故事,因为没洗手,大家嫌脏都不敢吃,但是却体现了浓浓的亲情和关爱。我们还听过"深淘滩,低作堰"的故事,我们要在自己的专业领域做深做强,我们要把利润留给合作伙伴,留给产业链上的每个环节。我们还听过任总说,要向萤火虫学习,要向蜜蜂学习,要向蚂蚁学习,要向乌龟学习。每一个员工都是萤火虫,都在努力闪着自己的那一点点光芒,但正是每一只萤火虫都在闪光,企业才会有真正的光亮。平凡的人在平凡的岗位上聚集起来,就能做出非凡的事情。任总还说华为就像是一只大乌龟,几十年来慢慢地向前爬,爬啊爬,看不到路旁的鲜花,看不到沿路的风景,只知道自己一路向前爬,笨拙地爬,坚持地爬。

鼓舞人心的企业文化故事有无穷的力量。新励成有很多故事至今让我记忆犹新。以前刚刚开始做户外宣传的时候,市场部的经理开车带着我们,深夜在各个地方贴海报,左手拎着海报袋,右手拿着钉子、锤子。每天加班干到很晚,还有一次直接钉到了派出所门口,吓得我们四散而逃。

每天晚上加班最后离开的几个人,都会到办公室楼下的码头料理点几个小菜开两瓶啤酒,继续讨论着工作,憧憬着未来。

我们的静姐,我们的伟娜、祥宇,为了公司的拓展,背井离乡,奔赴崭新的城市开拓新的市场,他们付出了很多,牺牲了很多。我们的翛然老师挂着拐杖,打着石膏在课堂上讲课。我们的逸飞老师在火车站门口的草坪上睡一晚,为了不耽误第二天能够顺利到达课堂为学员讲课。我们的张龙老师发着烧,在课堂上连续讲了8小时课，换了4件衬衣，每件衬衣都是湿漉漉的。这些奋斗的故事每天都在激励着我们，不管遇到任何困难，我们都不会惧怕，都会勇往直前。

这些发生在我们身边点点滴滴的故事，是企业成长的骄傲，是企业发展的基石，更是企业家最值得骄傲的事情。最值得骄傲的事情就一定要讲出来，一定要去分享，而且由企业家自己讲，会更加意味深长。

分享企业故事，传播企业文化，这是企业家最重要的工作，没有之一。管理的核心工作在于共识，共识战略、共识目标、共识方法，最终共识文化。战略、目标、方法，它都是长在文化上面的。

文化是基石，文化是土壤。什么样的文化决定了什么样的战略，什么样的方法、什么样的过程。如果说企业家要抓根本，抓最底层的逻辑，那就应该是企业文化。

网上有很多关于企业管理的文章，他们说企业家每天的工作就是开会，就是喝咖啡，就是找人、找钱、找资源。我们想一想，开会是干什么？开会就是共识，就是让管理层，让与会者达成共同的意见，然后去执行会议纪要，这就是在共识。找人找钱喝咖啡也是跟人交流，跟人交流也是共识，找人也是要找志同道合的人，找资源也是要找价值观一样的资源，所以这些都是共识。

所有共识的背后，都是文化的共识，都是理念的共识，都是价值观的共识，都是使命的共识。企业家最核心的竞争力，我认为是共识力。再具体一点是文化共识力，只有找到志同道合的人，只有找到价值观一样的资源。大家的目标一致，使命一致，这样的人，这样的资源才能真正地为你所用，你只有跟管理团队共识，充分共识，大家从心里，从骨子里，想法是一致的，大家的思路是一致的，这样的会议才能有好的结果，才能真正达成自己的目标。

如果说企业家最重要的工作是共识，那首要的就是文化共识。文化共识应该是企业家最核心、最重要的工作，应该是无时无刻不在做的工作，吃饭、坐车、开会、聊天等，所有的事情都是在围绕着文化共识，都是在做文化共识的工作。所以我们讲，企业家应该是这个企业的首席文化官。

首席文化官的工作就是文化共识，梳理出自己企业的文化。企业文化是集体记忆，有可能是过去所取得成绩的帮手，也有可能是未来实现目标的助手，应该成为团队自觉遵守和共同信奉，不接纳的人能力再强也没用。企业文化对内是强大的凝聚力和向心力，对外是企业的影响力和渗透力，所以企业家在任何场合和时间都不能忘掉自己的本职工作：分享文化、文化共识。那么文化共识最有效的方式是什么呢？就是演讲、表达和沟通。

企业家可以用语言、行动来达成共识。文化定江山，文化建设就是让不同文化群体在同一平台上为同一目标理解、认同、践行和传播并最终融为一体，成为推动企业发展的凝聚力和聚拢正能量的黏合剂。企业家就是企业的文化领袖，是企业的首席文化官，那他必然还有另外一个身份，就是企业的首席演讲官，因为演讲是传播文化故事最有效的方式之一。

首席演讲官不只是承载企业文化的分享。企业文化共识是最深层次、最根本的，不是所有的员工在任何一个阶段都能理解和领悟的，所以不只是要分享文化，还要分享战略，分享方法。

为什么要分享战略？我们很多企业家都提到一个问题，就是明明我都开会说清楚了，为什么下面的人执行力还是很差。其实这不是员工的问题，不是干部的问题，是我们自己的问题。我们认为自己把想说的说清楚了，但是他们真的收到了吗？他们真的理解了吗？他们理解的和你想表达的是一样的吗？很多管理干部并没有彻底弄清楚老板的真实意图就开展工作。在企业发展战略的问题上，就已经产生了理解不对称的情况，到了具体干的时候，到了目标分解的时候，就一定会有很大的差异，所以战略共识也是企业家很重要的一项工作。

我们每年年初都要开战略分析会，共识今年我们最重要的目标是什么，最重要的三件事儿是什么。我们的北极星是什么。就是要让所有的干部乃至所有的核心员工都清楚，今年企业最重要的方向是什么，所有人的工作都要围绕着这个方向来进行，围绕着这个方向来规划，这样才能形成合力，才能真正做到劲往一处使，心往一处想。战略共识是一项非常重要的工作，也需要首席演讲官用比较强悍的表达能力来完成。

战略如果共识透彻了，那我们还要共识实现战略目标的方法。我们经常说，从北京到上海是有很多条路可以走的。可以坐船沿着渤海、黄海而来，也可以开车，高速公路很发达。可以坐高铁，现在的复兴号只要五六个小时就能从北京到上海，也可以坐两个小时飞机，大兴到浦东都非常高效。但是我们究竟应该走哪条路，用哪个方式到达目标？

路径有分歧，就形成不了合力。完成一个整体目标，需要各个部门协调进行，究竟按哪条路走，按哪个部门的思路走，部门墙那么厚，需要共识和决策，最终还是需要最高领导做决定，然后大家一起按照方向、规划去实现。这也是共识，这也需要表达，需要沟通。这也是企业家在年初的时候最重要的核心工作之一，文化共识、战略共识、路径共识，缺一不可。

记得我们年轻的时候，偶像是四大天王、电影明星，今天社会趋势在发生变化，很多企业家，很多有影响力的科学家、专家已经成为我们年轻人的偶像，任正非、马云、雷军、董明珠等，他们越来越成为年轻人崇拜、学习的榜样。为什么会是他们？因为他们的讲话，他们的文章，他们的思想，通过互联网，通过自媒体，走到了角角落落，走到了每一个人的手上、心里，这是巨大的影响力，也是巨大的文化IP，这就是文化的力量。

很多企业家朋友分享说，现在的年轻员工不好管理，20年前，我们给员工涨500元工资，员工会很感恩，忠诚度会很高，会踏踏实实、任劳任怨地为企业干活儿。现在的年轻人都很有个性，有自己的想法，已经不再是为五斗米折腰的年代，他们需要的是追随一个有梦想、有理想、有使命感的老板，能够去攀登一座又一座的高峰。

所以要让有才华、有潜力的年轻人跟着企业一起成长，一起发展，需要给予的是信念，是信仰，是让他觉得跟着你干有未来。你需要是一个有影响力的人，有梦想的人，他们才愿意追随你，这就是文化的力量以及演讲可以带来的力量。

学演讲的人有很多，大家的需求也都不尽相同。有人是为了克服讲话紧张来学习演讲；有人希望自己的演讲更有感染力；有人希望自己肚子里的货能更多一些，讲话有更多的内容，更丰富；有人希望能够把自己的经验和知识分享给更多有需要的人。然而，企业家学习演讲最核心的目的不止于此，他们是要把自己的思想传递给企业的员工、客户乃至全社会。

有人说，这个世界上最难的两件事儿：一件是把别人的钱塞到自己的荷包里；另一件是把自己的思想装进别人的脑子里。我们有奋斗的思想，我们有先进的理念，我们有创业的品质，这些好的东西我们就应该分享出去，就应该传递出去，就应该影响别人，尤其是自己的团队，自己的员工，自己的客户，让全社会都知道自己企业的初心，自己企业的使命愿景，让大家都来支持你，都愿意支持你，整合全社会你所需要的资源，把你的企业做大做强。

企业家朋友们，努力成为企业首席演讲官，把共识的力量发挥到极致，祝愿效能更高、使命必达！

※ 邓 雄

人人都是演说家

我们正处在一个伟大的时代，这个时代是开放的时代，是市场和知识经济竞争日益激烈的时代，是科学和文学艺术不断繁荣发达的时代。

通信工具、广播、电视、互联网的广为普及，现代传声技术的迅速发展，使人们的舌头延长了，地球的半径缩短了。不论是天上、地下，还是水面、海底，乃至月球、宇宙，凡是人能到达的地方，都能做到直接通话。过去许多靠文字传递的信息，今天都能用声音来代替了。这就要求我们能够准确、简洁、具体、生动、形象、清楚地用语言表达出自己的思想和感情。

在竞争激烈的时代，学会表达沟通，无论是对职业发展还是个人提升都至关重要，因此，人人都需要成为演说家，去讲述自己的故事，传播自己的影响力，讲述中国好故事，传递中国好声音！

做时代贡献者，要敢于发声

2019年，我参加了粤港澳大湾区演说家大赛，并在半总决赛担任了比赛评委，在这里，我听到了一个至今让我印象深刻的故事，有个选手是一位癫痫病患者，她的演讲主题是"希望的钻石"。

癫痫是一种大脑放电引起的神经内科疾病，这种病在发作的时候，患者会四肢抽搐，口吐白沫，神志不清，严重的还会伴随着尖叫和尿失禁，这也是一种容易被诱发的疾病，不规律的作息，刺激的饮食，剧烈的运动，甚至是情绪的波动都会诱发疾病。

由于它容易被诱发，发作时候的症状很可怕，所以人们不愿意接受癫痫病人出现在他们的生活里面，而这些病人为了保护自己不被歧视和伤害，通常会选择隐瞒自己的病情。而她就是这样一个隐瞒自己病情的癫痫病人。从14岁到29岁的15年间她始终小心翼翼地保守着这个秘密，直到2019年4月，那是她人生第一次在公开场合分享因为癫痫而经历过的一些不公平的待遇。通过她个人的经历,让更多的人知道癫痫病患者不是疯子,只是生病了。

由于情绪的触动,她在第一次分享结束以后,身体开始颤抖,这时候有个女生走到台上,很用力地抱住了她,等她平静下来后,女孩说她的妈妈也得了一种类似的疾病,她正在全国奔走,为全中国的这种病人做公益活动,努力为他们谋求更多的社会福利。

公益活动进行得很艰难,女孩也受尽了各种白眼,但是她说一切都会好起来的,这是值得的。后来女孩跟她一起坐在教室的角落,她们双手紧紧地握着,没有说话,只是看着对方,眼泪却根本停不下来。

很久以后,当她再去回味这一次经历的时候,她不知道那天停不下来的眼泪是忍了一天,还是忍了15年,但是她很清楚的是,那是她第一次说她是一个癫痫病人的时候,收到的不是怜悯,不是孤立,而是一种被链接的温暖。

眼泪成为了一颗希望的钻石,这颗钻石在提醒她,如果为了保护自己去守住一个秘密,很简单但是很孤单,如果为了保护更多的人不受伤害去分享这个秘密,即使是痛,也痛得很温暖,很值得。

最后她在演说结尾时说:其实我们或许也曾经经历过一个疾病而又幸运的康复,经历过歧视、背叛、抛弃,而又被这样温暖地疗愈和链接过，你一定会知道疾病和健康之间的区别不在我们的躯体，而在我们的心灵。

通过这位选手的故事，让我想到虽然有些人身康体健，但是却在散播病毒，创造伤害，传递各种负能量，而有些人虽然身患重疾，可是却用他们的一生，他们的故事，他们的声音在疗愈他人，这些人我们称为贡献者。贡献从来都不是伟人的专利，它是每一个我的选择，贡献不是我足够强大，足够富有，足够有钱的时候才可以去做的事情，贡献是即使我不够健康，即使我不够强大，即使我不够富有，但是为了让你过得好，我愿意去冒险，我也愿意去承担冒险的后果，即便回报他的可能是白眼，可能是辛苦，可能是伤痛。这个时代需要我们敢于发声，做时代的贡献者！

打破桎梏，自信表达，人人都可成为演说家

听完这个故事也让我想起了我之所以走上演讲舞台的经历。小时候跟奶奶一起生活在农村，父母基本上一年才回一次家。当时我性格特别内向，家里来亲戚，都会躲在门后面，不敢吱声。后来因为成绩不好，快上初中了，妈妈恨铁不成钢，毅然辞掉在外面的工作，回家教育我。妈妈的教育方式偏强势，更加剧了我孤僻的性格。

记得上初中时，有一次跟同学起了争执，本以为吵吵嘴就过去了，结果放学后，四五个高年级的人围着我打，打得我腿上好几块瘀青。第一次经历校园暴力，我回家第一时间跟妈妈说我被好几个同学打了的时候，得到回复的却是：他们为什么打你，不打别人？你是不是在学校里给我惹事了？你看看你成绩不好，还整天惹事，我工作都辞掉了陪你读书，你太让我失望了！

听到这番话，一瞬间那种不被相信的感觉、委屈、愤怒、失望等情绪裹挟而来，让我内心五味杂陈。从此以后我内心多了个声音，一直告诉自己就是一个自卑、没人爱、没价值、什么事情都做不好的人。每当我想跟人聊天的时候，这个声音就会跳出来，让我望而却步。每当我想在舞台上说出自己的想法，表达自己的观点时，这个声音又会跳出来，让我的腿如千斤之重难以迈开。每当我想跟心爱的女孩表达情意时，这个声音又总会跳出来，把我写好的长篇大论告白情书又删除撤回。我简直受够了这样懦弱、胆小、无能的自己，我想寻求改变，却又深感无力。

直到大一那年，同学邀请我去听了一堂演讲课。当时我一走进会场，就看到了一位西装笔挺、书生意气的学长在舞台上神采飞扬、挥洒自如、激情澎湃地演讲，他的声音传递到会场的每一个角落，铿锵有力，一字一字砸在了我心里，我瞬间被吸引了，居然有人在舞台上可以做到如此自信有力，轻松自然。那一瞬间我好像看到了一束光照进我的心里，就这样我鼓起勇气加入了演讲协会，开始了我的大学演讲之旅。

记得第一次演讲是要挑战公交车演讲，突破心理。我当时演讲的主题是"青春奋斗"。由于紧张忘词，在车上整整40秒钟的停顿，手心冒汗，腿在发抖，大脑一片空白，就在这时所有小伙伴都投来鼓励的眼神，就这样我坚持完成了第一次演讲。结束后所有小伙伴都来和我拥抱并鼓励我，这一刻，我望向刚才演讲站立的地方，它变得好像不再恐惧和陌生，我慢慢开始学会接纳自己，拥抱自己。

会长讲述的演讲课程是如此精彩，如此生动。在这个课程当中，我感受到的是前所未有的轻松，每当能够听他分享的时候，我仿佛感觉到自己也慢慢变得美好愉悦。一节课的时长是一个半小时，他每次总会将课前的半小时留给我们，按照顺序依次上场，在上去做课前分享的时候，我突然把尘封已久多年未曾表达的想法，在那一刻全部表达了。

当我看到同学们都为我鼓掌的时候，当我看到会长为我点头，为我喝彩的时候，我知道，那就是我语言的起点了。

为天地立心，为生民立命，为往圣继绝学，为万世开太平，人人需要成为演说家

随着自己的慢慢打开和热爱表达，参加了学校的演讲比赛，从三等奖到院部二等奖再到辩论赛全院第一，并获得最佳辩手，我也从会长的手中接过了接力棒——为天地立心，为生民立命，为往圣继绝学，为万世开太平，为传承演讲智慧，为帮助更多人提高沟通表达能力。秉承这样的使命，我在担任演讲协会会长两年期间，带领团队成功举办大小型演讲活动共400余次，策划公益演讲150次以上，大型辩论朗诵活动60次以上。烈士陵园、橘子洲头、岳麓山上都有我们演讲的足迹，学校大型节目会演、省市级语言类活动都有我们的声音。

再到后来我如愿成为一名职业演讲老师，在无数次授课与奔波的途中，我成为一名空中飞人，拉着行李箱在各个城市穿梭，一次次起航，一次次走下讲台，衬衫总是被汗水浸湿。深夜在机场候机和深邃的夜空一起起飞、降落，一次次因连续奔波授课，周末无法陪伴家人，一次次因缺少睡眠，站在讲台上头晕乏力，但我依然可以谈笑风生，依然很快乐，因为我是发自内心地热爱舞台，热爱这份事业。

每当学员带给我感动和欢笑，每当我的课程让他们收获满满，每当我的辅导让他们走出失败的阴影，每当因为我的分享让他们不再迷茫，不再害怕，让他们有勇气去表达内心最真实的想法，那一刻我真的很满足，很快乐，很幸福。

让我印象深刻的是广州珠海的一个学员，她自称全场年龄最大，和现场最小的学员都快成"奶奶辈"的了，她是一位白衣天使，也是一位心脑血管的专家。所以经常要跟同事分享关键时刻救人一命的心脑血管医治的知识。

她因为两个星期后马上就要开始的分享课而来到新励成。在刚刚开始上课时一直因为年龄大，放不开自己。在舞台上的感染力、表现力更是一直出不来，紧张导致逻辑不清。看到这种情况，我下课主动跟她交流，并提出让她每次上课前提早两个小时来到教室练习，从刚开始的紧绷感，到一次次反复上台练习，慢慢有了些松弛感，每当她站上舞台，我都会邀请所有同学用鼓励的眼神和掌声给她力量，并且及时给予正反馈。

经过两个星期，连续四次的个人辅导之后，她又一次踏上了医学分享课的舞台。而这一次面对的是200多个人，分享完的第二天晚上上课，她在舞台上给我们分享她的好消息，她说这一次的分享课我给自己打95分，较之以前简直进步太大了。"只上了六个晚上的课，这刷新了我对培训机构的认知，过去的我认为培训机构商业或者功利化多一些，但在新励成，我却看到和真实感受到了一种责任心和爱的温暖,谢谢所有老师。"

看到她从不敢上台到享受舞台,并用她的医学知识帮助和拯救更多人的时候,我由衷地感到作为一位教育工作者的使命感!

2016年,我人生中第一次参加全国演讲大赛,在云南昆明第一中学,当时有来自全国将近3000名演讲热爱者,比赛是在学校报告厅举行的,决赛的现场有一千多名观众。我看到不计其数的人为选手们响起热烈的掌声,我看到诸如清华、北大、浙大的优秀学子,还有一些知名或不知名的优秀演讲员,那一刻我内心大为震撼,内心也萌生了一个想法,我们也一定要办一场最震撼最有影响力的演讲大赛。

念念不忘,必有回响,2018年,当赵总提出我们要办一场演讲大赛时,我内心激动不已。演讲大赛从5月开始启动,11月进行总决赛。这个过程当中我们熬过无数的夜,在深夜无数次的修改我们的策划方案,无数次跟我们校区的同学还有咨询老师对接,我们打过数不尽的电话,我们做过无数的统计工作。

从最开始方案的设计到一次次的完整,从一次次的修改到方案的完善,再到人员的落实、烦琐的会务工作。前前后后包括一个简单的秩序手册,都细致到进行过上百次的调整才最终敲定。有时候我们会感到迷茫,有时候会感到失去方向,有时候会感到很大的挫败感,但是我们从来没有放弃。当深夜公司所有人都离开的时候,你会发现,依然有那么一盏灯在亮着,公司还有三个人依然在坚持工作。凌晨1点、2点、3点、4点……回到家里睡一觉起来,第二天的9点又开始继续忙碌,继续工作。

每一次视频的剪辑,每一次会务的资料,每一次人员的安排,每一次场地的对接,每一次会议包括志愿者,我们都会经过特别多的演练。当我走上这样一个大型的舞台的时候,我发现2000多热情的观众的时候,当聚光灯照在我脸上的时候,我不只感受到了光的明亮,我也感受到了大家的热情。在舞台最后的时候,我们一起欣赏了一首歌——《我爱你中国》。

就在那一刻,我感觉我们曾经熬过的夜,所做过的努力,所打过的电话,所受过的委屈,曾经迷失过的痛苦,甚至是我们有些遗憾过的,那一刻一切都是那么的值得,我们得到了前所未有的肯定。这份经历,这份感受,在未来也许看不见,摸不着。但是它就像我们岁月的痕迹一样刻在我们心里,让我们多了一份对梦想的坚持跟坚守。

当结束后响起掌声那一刻,我的眼泪流了出来,我拥抱了现场所有的伙伴,我跟现场所有人都说了一句谢谢。很感谢为这次大赛付出的所有志愿者。如果有人问我演讲大赛的收获是什么,我想说:我收获到了"我可以";收获到奉献、服务、团结;收获到在做某件事情的时候,我们拼尽全力的那种奋斗精神。也从那一刻开始，我明白了，我热爱的是演讲，热爱的不只是这种舞台上的感觉，我更渴望的是用演讲帮助更多的人。

茫茫世界，高山之巅，大海之上，高雅之堂，法庭之中，谈判桌前，大厦厅里，会场上下，校园内外，无不激荡着演讲者的洪钟之声。时代呼唤着千万个演讲家，千万个演讲家应肩负起时代赋予的使命。演讲不应该成为某些人的专门职业，而应该成为每一位当代中国青年的基本素质。每一位社会卓越人物都应该具备较高的演讲水平，担当起引领中国进一步崛起的使命。

人人都是演说家，让我们讲好中国故事，传播中国声音！

※ 徐 豪

让领导力助你成就事业

都21世纪第三个10年了,但凡我们想干成点事情,都得依靠团队。因为单打独斗的年代早就过去了,所以我们至少得拥有一定的领导力。提升领导力有很多好处,例如可以帮助你更好地管理团队和资源,提高工作效率和质量,增强个人影响力和价值。同时,良好的领导力还可以帮助你更好地实现个人和组织的发展目标,提高竞争力和市场占有率,增强品牌形象和声誉。此外,领导力还可以帮助你更好地与他人沟通和协作,建立良好的人际关系和团队合作氛围,从而实现共赢和共同成长。综上所述,提升领导力对于个人和组织都具有重要的意义和价值。

领导力是一个完整的系统,可以通过学习和训练而获得并提升。本书由于篇幅所限,先给大家介绍两个基础的要点。在正式提到这两个要点前,我想请你思考一个问题:孙悟空大闹天宫的时候,是如何靠一己之力,独挡十万天兵的?

其实这也是我看《西游记》时,最令我心潮澎湃的一个地方,那就是孙大圣能"拔一把毫毛,变出千万个孙大圣"!看见没,孙悟空具备强大的团队复制能力!而团队复制能力就是个人能力团队化。个人能力团队化,就是将优秀的个人能力转变为团队能力,它需要以下6个步骤。

1. 明确团队目标:首先,作为领导者,需要定义一个清晰的团队目标,确保每个人都了解自己的角色和任务。这样可以使整个团队协同工作,而不是各自为政。领导者可以通过以下几种方式来明确团队目标。

明确组织的长期目标,并将其分解为具体的可操作的短期目标。这样可以帮助团队成员更好地理解组织的愿景,并在执行任务时更加专注。

与团队成员进行沟通和反馈,了解他们对组织目标的理解和看法。听取他们的想法和建议,可以帮助领导者更好地了解团队成员的需求和期望,并制定更具体、可行的目标。

设定可衡量的目标并跟踪进度。领导者应该确定如何测量每个目标的成功,并定期评估其进展情况。这可以帮助团队成员更好地了解目标的重要性,并使他们更加专注于实现目标。

激励团队成员。领导者应该提供适当的激励措施，以鼓励团队成员积极参与，并帮助他们实现目标。这可以包括奖励、认可、培训和发展机会等。

总之，领导者应该明确目标、与团队成员进行沟通和反馈、设定可衡量的目标和提供适当的激励措施，以确保团队成员的参与和专注，从而实现组织的长期目标。

2. 评估个人能力：评估每个成员的个人能力，发现他们的强项和弱项，并尝试将他们的强项应用到团队目标中。也需要帮助团队成员发挥其潜力，并提供必要的培训和资源来补充他们的技能。

评估个人能力可以从多个方面入手，例如学术能力、职业能力、交际能力、领导力等。可以通过学历、工作经验、证书、社交活动等多个方面进行评估。同时，也需要考虑到个人的性格特点和潜在的发展力。最终评估结果应该是综合多方面的数据分析而得出的。

3. 建立相互信任的关系：建立相互信任的团队文化，鼓励成员之间的合作和相互尊重。这可以通过开放性的沟通、支持性的反馈和共享成功经验等方式实现。

建立互相信任的关系需要时间和努力，以下是几个建议：坦诚沟通。在团队中，坦诚的沟通可以帮助建立信任。当出现问题时，不要回避，而是立即与成员进行沟通，解决困难。分享成功和挫折。分享成功和挫折可以帮助加强团队成员之间的联系，同时也可以让成员了解彼此的工作方式和能力。互相支持。在团队中，互相支持和尊重是建立信任的重要因素。成员应该互相鼓励、支持和尊重，这样可以建立起一种良好的团队文化。公平分配任务。公平分配任务可以增加团队成员之间的信任感，确保每位成员都有机会参与到团队工作中，并且有发挥自己能力的机会。活跃参与团队活动。成员应该积极参与团队活动，比如集体旅游、团队建设等，这样可以建立一种良好的团队氛围，增加成员之间的信任。

4. 激励和奖励：在团队中识别和表扬表现出色的成员，并给予相应的激励和奖励。这可以鼓励成员更加积极地参与团队工作，并促进团队成员之间的竞争和合作关系。

团队中建立奖励与激励机制可以激发成员的积极性，提高团队的效率和成果。具体来说，可以采取以下措施：设定明确的目标和奖励规则。在项目开始前，明确团队的目标，并设定相应的奖励规则，包括奖励的类型、金额、标准等。建立公正的评估体系。建立公正的评估体系，避免个人主观判断影响奖励分配，让每个成员都有公平竞争的机会。激发团队合作。在奖励规则中注重团队合作，鼓励成员之间互相帮助、共同进步。如设立团队奖，以鼓励团队合作精神。及时反馈和表彰。及时给予成员反馈和表彰，让他们知道自己的贡献得到了认可，同时也鼓励他们更多的积极行为。

综上所述，建立奖励与激励机制需要考虑各种因素，包括目标、规则、评估体系、团队合作、反馈和表彰等，以达到最佳的效果。

5. 建立教练和辅导机制：教练团队成员的工作态度需要从几个方面入手。首先，建立良好的沟通机制，让团队成员能够自由地表达观点和意见，这有助于增强成员之间的信任和团结。其次，要设定明确的工作目标，激发成员的工作热情和动力。并且需要对成员的工作进行适当的监督和反馈，及时发现问题并加以解决。最后，要注重培养成员的技能和素质，为他们提供必要的培训和支持，从而提高整个团队的综合素质和工作效率。

你需要确定团队成员所需的技能以及他们目前的技能水平。然后，你可以制订一个培训计划，包括定期的培训课程和实践机会。此外，你还可以提供资源和工具，例如在线培训教程、书籍、视频教程和专业人士的意见。最重要的是，你要鼓励团队成员在日常工作中尝试新技能，并为他们提供支持和反馈。通过反复练习和实践，他们将逐渐掌握所需的技能。

6. 监督和调整：不断监督团队的表现，发现问题并及时采取措施进行调整。这可以帮助团队在整个过程中保持稳定，避免出现不必要的错误和失误。你可以通过以下几种方法来监督和调整团队成员的表现。

设定明确的目标和指标。在工作开始之前，你可以与团队成员一起制定明确的目标和指标，确保他们清楚自己需要达到什么样的表现水平。

提供反馈和指导。定期与团队成员进行一对一会议，提供他们的表现反馈和指导。你可以针对他们的表现进行肯定和批评，让他们意识到哪些方面需要加强，帮助他们不断提高。

制定奖惩制度。建立奖惩制度，给予团队成员相应的奖励或惩罚，以激励他们达到更好的表现。

培训和发展。为团队成员提供培训和发展的机会，帮助他们提升技能和知识水平，以便更好地完成工作。

无论采用何种方法，重要的是要始终关注团队成员的表现，并及时进行调整和改进。通过以上步骤，你可以将团队成员的个人能力转化为团队能力，使整个团队更加高效和协作。

※ 本　然

享受丰盛富足的人生

20年前，我第一次接触演讲训练的时候，就接触到了一个重要的知识点——"沟通三要素"，一个人的沟通演讲影响力由这三大要素组成：

一是文字内容的影响占7%；

二是语气语调的影响占38%；

三是身体语言的影响占55%。

沟通三要素对我早期进行演讲训练有非常大的助力。当我开始探索生命更丰富、更深的课题时，我也喜欢从沟通三要素的角度探索，我们表达沟通的主旋律就是生命，生命的旅程也是表达沟通的旅程，我们所表达沟通的就是我们的人生。如果我们享受表达沟通，我们必然拥有并享受丰盛富足的人生。

我们一生都在说话，我们留意过每天都在说什么内容吗？我们说的和我们生命的主要课题当然是息息相关的，表面上是柴米油盐酱醋茶的生活、工作事业、关系等，而更多的重要表达内容都是关于生命的课题，我邀请你一起思考探索以下课题：

我是谁？

我从哪里来？

我走向何方？

我的人生有什么意义？

我如何度过我的一生？

谁为我的人生负责任？

谁是我的爱人？

我能为这个世界奉献什么？

而我们表达中的语气语调部分的核心影响要素是我们的情绪——喜怒哀乐。关于生命的课题，我们是否享受人生当中的自信、自卑、自负，欢喜、痛苦，勇气、喜悦、平和，幸福、愤怒、悲伤都会在表达中作为文字内容的承载之舟流淌而出。这些情绪情感为何而来呢？关系到我们在生命课题中信念价值观，我邀请你一起思考探索以下课题：

一切是否如我所愿？

什么是善的？什么是恶的？

什么是好的？什么是坏的？

什么是对的？什么是错的？

什么是有用的？什么是无用的？

什么对我最重要？

我的选择正确吗？

这是一个什么世界？

为何这样对待我？

为何我拥有这样的人生？

为何让我背负这些？

我愤怒的、我恐惧的、我悲伤的、我痛苦的是什么？

什么是我热爱的、主张的、守护的？

我热爱我的人生和这个世界吗？

我有爱人的能力吗？

我会谈情说爱吗？

我们表达中的身体语言所传递的是我们人生的成果，化作精气神，放松与否、力量与否、舒展与否，气质、气场、精神状态等，作为文字内容的承载之河流淌而出，身体语言又与什么生命课题有关呢？我邀请你一起思考探索以下课题：

我的健康状态如何？

我的心理状态如何？

我的身体放松而有力量吗？

我知行合一吗？

我内外合一吗？

我身心一致吗？

我是否走在使命与梦想的道路上，坚定吗？

我在做着所说的吗？

我发挥自己的天赋才能了吗？

我的过错或者弱点成长改变蜕变了吗？

我是一个有成果的人吗？

我是一个觉悟或者开悟的人吗？

当我对以上生命课题进行探索和沟通表达的时候，我拥有了无限表达的渴望和热情，每一次表达就仿佛是品味着彼此的人生。

那么多生命课题要探索，我们该从何入手，才能更简单高效呢？正如《道德经》第四十二章所说：道生一，一生二，二生三，三生万物。生命课题如万物那么多，我们可以反向溯源，从众多话题回到三，回到二，回到一，回到道。生命课题的一是道，演讲的第一智慧自然也是道德。

什么是道？两千年前留下《道德经》的老子在《道德经》开篇就已经为难地写道：道可道，非常道。用文字内容、用语言来表述道不那么容易，就像有谁能用文字语言来描述一下榴梿是什么味道的呢？不过，老子虽说着难，却也留下了洋洋洒洒的五千字，我们也要自信地用自己的生命旅程去探索道、体验道、表达道。

关于"道德",我喜欢用《易经》的"天行健,君子以自强不息;地势坤,君子以厚德载物"来理解。"天"即道,"天"指的是宇宙世界运作的规律,道的运行刚强劲健,卓越的君子当相应与道,处世应道,同频共振,力求进步,刚毅坚卓,发愤图强,永不停息。"地"即德,"地"指的是人类世界运作的规律,人类世界的气势厚实和顺,卓越的君子应增厚自身在人类世界中的美德,顺应时代的和善,积功累行,融载万物。天地合一即道德合一,人法地,地法天,天法道,道法自然。

如何将人生的道德探索融合到演讲中呢?与大家分享我多年演讲训练与生命探索总结出来的"演讲道德生命乐章五部曲",让你的演讲与人生旅程像奏响人生交响乐一样磅礴而享受。

演讲道德生命乐章第一部曲:在深度行动中表达

表达的第一步不是开口说话,表达的第一步是投入生命旅程,有深度地行动。人类的语言能力是在1岁左右才发展而来的,人用了一年的时间来专心发展视觉、听觉、味觉、嗅觉、触觉、行动的基础能力,所以任何演讲课题,我们也不能期望自己一开始就能妙语连珠。万卷书需要行万里路,没有行动作为基础的语言是没有灵魂的。天行健，君子以自强不息。"行"就是行动，不仅要行动，还要自强，强而有力地行动，行动和经历是演讲的物质基础。

在行动中，不是盲目僵化的行动，是稳定的，是有技术要领的，是有物质资源、信息的接收流动的，是有内在的体验、感悟和学习成长的。这个阶段，我们就是一个行动者，行动为主，表达为辅，用行动来探索生命，而非语言和道理。这个阶段的表达，为行为服务，为提升行动力量、效率、成果服务，为整合行动资源服务，为手头的行动服务，为行动团队合作服务。

如果没有这个阶段的累积，无论是生命还是演讲，都会言之无物，空洞无力，没有灵魂，没有能量，没有力量，没有道。

演讲道德生命乐章第二部曲：在构建自我中表达

演讲者除了是行动者，还要是一个有力量的自我，健康的自我，身体力行，有行动力量、有爱、有智慧。在中华民族的传统智慧中，我们有下丹田、中丹田、上丹田，下丹田是身体能量和力量的中心，中丹田是爱和情感的中心，上丹田是智慧和思想的中心，我们要用爱生活，下丹田和上丹田都围绕着中丹田服务，我们的爱要有行动力量和智慧支持。这也是我们的自我构建系统。

构建自我也是一个探索的过程，在第一部曲，我们丰富的行动探索一定的时间后，我们需要探索自己心中的热爱，知道哪些是我们特别喜爱的，兴趣是最好的老师，兴趣和热爱是生命的天赋所在，兴趣也是构建自我的最好资源，围绕着生命的热爱行动和思考，勇敢地向世界和人们用自己的特色和方式表达和绽放自我的力量和光芒。

如何找到自己的天赋是个技术活，比如孩子，开始的时候要有足够丰富的玩具供其选择，什么玩具都玩一下，一段时间后，孩子会知道自己最喜欢玩什么，就有了取舍，有些玩具在旁人看来再多、再新、再好玩，孩子碰都不碰，而有些玩具玩很久都热情不减。

能围绕生命的天赋、兴趣和热爱构建自我的人生是最珍贵的，拥有这样人生的人必然也是最完整合一、最有爱和自我力量的。构建自我表达的第二部曲，核心就是：遵循内在心灵的指引，在行动中表达生命中的热爱和感动。

演讲道德生命乐章第三部曲：在构建爱的关系中表达

生命的本质就是爱，人生的旅程就是在关系中爱的旅程，演讲表达就是构建爱的关系的表达。我们在表达中是否能够让关系和谐、爱流动是第三部曲的重点。

第一，眼中有人，走进对方的世界和心里，理解、尊重对方，进入关系中；

第二，做情绪的主人，在情绪中保护关系，在情绪波澜中爱好彼此、成就彼此；

第三，注意倾听和反馈，施与受要平衡，要有价值流动；

第四，站在自己的角色位置上，注意界限，讲负责任的话语；

第五，向着共同的目标，向着更多人的共同目标，心中要有更大的世界，成为团队的领袖、成为有影响力的导师。

第三部曲不是一个阶段，在关系中流动爱是演讲表达和生命的协奏曲，是永恒绚烂的旋律。

演讲道德生命乐章第四部曲：在丰盛富足中表达

生命是无限丰盛富足的，要想享受无限丰盛富足：

第一，相信无限丰盛富足并探索，有成长蜕变的决心和信心；

第二，树立目标，发现生命的使命梦想，向着梦想使命行动奋斗；

第三，与智者同行，保持谦卑的态度，从学习知识到开发生命智慧，每一步都夯实；

第四，向生命内在探索，天人合一，与道同行，内圣外王。

相信、探索、创造、收获、享受无限丰盛富足是生命的本来道路，我今生的使命就是来支持更多生命回归丰盛富足的道路的，愿每个生命都能找到属于自己的道路。

演讲道德生命乐章第五部曲：道法自然地表达

什么是道法自然？一个弟子问他开悟的师傅："师傅，开悟是怎样的呀？"

师傅说："开悟就是吃饭的时候吃饭，打柴的时候打柴，念经的时候念经，睡觉的时候睡觉。"

弟子惊奇地继续问道："开悟这么简单吗？那你开悟之前是怎样的呢？"

师傅说："我开悟之前啊，吃饭的时候想着打柴，打柴的时候想着念经，念经的时候想着睡觉，睡觉的时候想着吃饭。"

道法自然的状态也像开车，没有达到道法自然的状态的时候，你在开车，你（司机）和车是独立的；道法自然的状态是你和车是一体的，一起在路上奔驰，车和路也融合为一体，如果车有什么反应，就仿佛是你（司机）内在的反应。

道法自然的状态在行动中、表达中就是心流状态，内在的心流与外在春夏秋冬的自然之流、时代之流、道德之流融合，就在当下，身体行动、情绪、智慧都精微、灵活、敏锐，知道而不知道为什么知道，充满直觉和灵感，流畅丝滑。

道法自然的状态也是整体和个体的状态。玫瑰花就用玫瑰花的方式表达、小草和参天大树就用小草和参天大树的方式表达；大象用大象的方式表达，山羊和海豚用山羊和海豚的方式表达；我们人类本身具有更多无限的特质，每个人都用最适用自己当下人生阶段的方式表达着，每个存在都有其价值，和而不同，接纳、尊重、敬畏、感恩、欣赏，大大小小、高高低低、快快慢慢、好好坏坏，最后没有了分别，融合为世界宇宙的乐章，道法自然。

演讲道德生命乐章五部曲无与伦比的美妙，如果用一句话总结提炼如何做到，我想说：

道法自然，生命本来就是丰盛富足的道，行动、发现、创造、享受丰盛富足的人生旅程本来就是德，生命本来就是道德。

愿你在你的生命道路上，活出演讲的第一智慧就是道德。

我爱你，我们会在丰盛富足的道路上相遇。